上

探寻中国非物质文化遗产之美

华南师大附小
C-STEAM 研学精选

主编 江伟英 詹泽慧

C-STEAM

北京时代华文书局

编辑委员会

主　编：江伟英　詹泽慧

副主编：唐凤妮　罗力强　刘行棠　周　婷　钟艳娟

编　委：雍　林　钟超诚　邹萱萱　陈　利　钟煊妍

牛世婧　涂　凯　郑琳琳　李文锋　张　霞

骆丽霞　钟伟森　关思奇　江振烨　万宝莹

前　言

一、背景和目的

本书的创作源于对C-STEAM教育理念的热爱、对中华优秀传统文化的珍视，以及对华南师范大学附属小学（简称华南师大附小）近年来在传承中华优秀传统文化方面的创新实践经验的总结。本书也是我校“以时代精神激活中华优秀传统文化生命力研究”的阶段性成果。

C-STEAM意为以传承中华优秀传统文化为目标导向的学科融合，其中C代表文化（Culture），强调将科学（Science）、技术（Technology）、工程（Engineering）、艺术（Arts）和数学（Mathematics）与中华传统文化相融合，以促进学生理解文化、传承素养，并培养学生的跨学科思维。非物质文化遗产作为中华文化的瑰宝之一，自古以来一直承载着民族记忆和智慧，具有丰富的历史价值和人文内涵。

我们创作本书的目的是多方面的。首先，我们希望通过C-STEAM教育的实践，将联合国教科文组织评选的人类非物质文化遗产项目以富有趣味的方式呈现在学生面前，让他们亲身体验并深刻感受中华传统文化的魅力。其次，我们追求的目标是促进非物质文化遗产传承与创新，鼓励学生在传统与现代之间找到平衡点，为文化传承注入新的活力。最后，也是最重要的一点，我们希望通过这本书唤起学生对中华传统文化的兴趣和热爱，培养他们的文化认同感、家国情怀和民族自信。

我们相信，通过将C-STEAM教育与非物质文化遗产相结合，我们可以为学生创造一个独特的学习体验，让他们在探索科学、技术、工程、艺术、数学和中华传统文化的过程中，不仅深入理解和传承中华民族宝贵的文化遗产，还能得到多元的发展。我们创作本书旨在为教育工作者、家长和学生提供一个有趣、有益和富有创意的资源，以推动C-STEAM教育发展和非物质文化遗产传承。

华南师大附小通过理论指导实践，着力探索粤港澳大湾区小学协同发展、传承中华优秀传统文化的新路径，以传承“非遗”（非物质文化遗产）为抓手，每年开展全校性的传承中华优秀传统文化的“小手牵大手”家长开放日活动。

“非遗艺术润心田，传承之美永流传。”家长开放日宛如一道桥梁，轻轻架起了家校之间心灵的桥梁，它是心灵的交流，也是情感的交融。孩子们在学校老师的引领下接受非遗文化、科技与艺术的熏陶，走进了五彩缤纷的中华优秀传统文化大世界。孩子们在欣赏中感受和体验，学习制作非遗主题手工作品，一件件作品既忠实地记录了孩子们对传统文化的热爱，也记录着孩子们对生活的理解和对和谐快乐童年的向往和追求。孩子的小手牵着家长的大手，家长跟随着孩子的步伐，慢慢地了解非遗文化，慢慢地感悟“古今智慧凝非遗，传承不息耀中华”。

二、基于C-STEAM教育理念的非物质文化遗产研学

（一）面向文化传承的学科融合教育

C-STEAM教育是一种以传承中华优秀传统文化为目标导向的学科融合教育，以文化传承作为主要教育目标，强调学科融合的整合课程形态，是实现文化导向的手段。C-STEAM教育并不是简单地在现有的STEAM课程中叠加传统文化的主题，而是要在传统文化的背景之下，对跨领域的知识进行高度融合，引导学生欣赏、理解和研究传统文化，鼓励学生把学到的科学、数学、艺术等多个学科的知识应用到富含文化概念的探究和创作中去。更重要的是，在开展项目过程中培养和发展学生的人文精神，增强文化认同与文化理解，孕育家国情怀和民族自信。

（二）C-STEAM教育理念下非物质文化遗产研学的关键属性

1.跨学科性质

C-STEAM鼓励学科融合，非物质文化遗产涵盖的领域广泛，包括传统工艺和民间音乐、舞蹈、戏剧等，涉及科学、技术

（如传统工艺技巧）、工程（如建筑、设计）、艺术和数学等多个学科。因此，非物质文化遗产研学天然具备跨学科性质。

2.文化认同和传承

C-STEAM强调培养学生的文化认同感和社会责任感，非物质文化遗产研学正是实现这一目标的途径之一。通过深入学习和体验传统非物质文化遗产，学生可以更好地理解自己的文化背景，培养对中华传统文化的自豪感和认同感，并积极参与文化传承实践活动。

3.创新和创造力

C-STEAM理念强调创新，而非物质文化遗产研学为学生提供了创新、创造的机会。学生可以在传统非物质文化遗产的基础上，加入新的元素，创造出独特的作品。这在培养学生创造力的同时，还可以推动中华传统文化创新性传承和创造性发展。

4.实践经验

C-STEAM强调实践，非物质文化遗产研学通常包括实际体验和操作，例如学习手工艺制作、乐器演奏或舞蹈表演。这些实践经验有助于学生更深入地理解和应用所学知识，学以致用，知行合一。

综上，基于C-STEAM教育理念的非物质文化遗产研学可以提供丰富的学习体验，培养学生的跨学科理解力、文化认同感、创新实践能力。通过将科学、技术、工程、艺术和数学与非物质文化遗产研学融合，学生可以更好地理解和传承文化、创新和发展文化，成为新时代有使命担当的文化传承者和创新者。

三、非物质文化遗产分类

（一）官方分类

1.中国非物质文化遗产分类

中国的非物质文化遗产是丰富多彩的。为了更好地了解和保护这些宝贵的文化传统，根据其特点，我们可以将其分为多个类别。以下是中国非物质文化遗产的部分分类。

（1）表演艺术：主要包括音乐、戏剧和舞蹈等领域的表演艺术。中国有着悠久的表演艺术传统，如京剧、豫剧、二人转等。这些表演形式结合了音乐、戏剧和舞蹈，以精湛的技艺和传统的故事情节吸引观众。

（2）传统美术与技艺：主要包括传统美术和工艺品等，它们代表了中国的手工艺术和技艺传统。中国的传统美术包括中国画、书法和雕塑等。此外，中国的工艺品如陶瓷、丝绸和竹编也是非常有名的。

（3）民间文化与民俗：主要包括民间故事、传说和节庆活动（如春节、中秋节等）。这些活动反映了中国人民的生活方式和价值观。

（4）传统体育、游艺与杂技：主要包括传统体育项目、游艺和杂技表演。中国有许多传统体育项目，如太极拳、围棋。此外，中国的杂技表演也非常精彩，包括平衡术、马戏等。

（5）传统医药：主要关注中国的传统医学体系，包括中药学、针灸疗法和其他的传统治疗方法。中国的传统医药在世界范围内享有盛誉，它结合了悠久的历史和文化智慧。

2.联合国教科文组织对非物质文化遗产的分类

联合国教科文组织为了保护各种各样的非物质文化遗产，把这些遗产分成了五大类。

（1）口头传统和表现形式：包括祖辈传给我们的故事和谚语，以及使用语言来传达文化的方式。

（2）表演艺术：包括各种各样的表演，比如音乐、舞蹈和戏剧。我们可以通过表演感受到不同文化的魅力。

（3）社会实践、仪式和节庆活动：包括各种各样的社会活动，比如婚礼、节日庆祝和宗教仪式。

（4）有关自然界和宇宙的知识和实践：包括人们对自然界和宇宙的认识，以及他们如何运用这些知识。

（5）传统手工艺：包括各种各样的手工技艺，人们用手工技艺制作出各种美丽的艺术品。

（二）本书分类

本书选用中国非物质文化遗产分类方法作为依据，将非物质文化遗产研学分为以下五类。

（1）表演艺术：主要涵盖传统表演艺术，包括音乐、戏剧和舞蹈等领域的表演艺术。在中国，我们有许多美丽的传统音乐、精彩的戏剧表演以及优美的舞蹈，它们代表了我们悠久的文化传统。这些艺术形式是祖先留给我们的宝贵遗产，通过这部分内容，我们可以更好地了解和欣赏这些表演艺术的独特之处。

（2）传统美术与技艺：主要包括传统工艺和手工艺品等，涉及不同的工艺技艺。在中国，我们有许多传统的手工艺品，如中国结、陶瓷和刺绣等。这些制作技艺代代传承，每一件手工艺品都蕴含着丰富的文化内涵。通过这部分内容，我们可以了解这些传统技艺的魅力和精湛之处。

（3）民间文化与民俗：主要涵盖了中华传统文化、民间传说和节庆文化等。在中国，我们有着丰富的民间文化，在每个节令和传统节日都有特殊的文化庆祝活动。我们的祖先留下了许多有趣的传说和故事，这些故事传承至今，成为我们文化的一部分。通过这部分内容，我们可以深入了解中国的民间文化和传统节日。

（4）传统体育、游艺与杂技：主要涵盖了传统体育、游艺和杂技等。中国有许多传统体育项目，如太极拳和八卦掌，它们融合了运动和哲学。我们还有各种各样的传统游艺，如踩高跷和玩陀螺。此外，中国的杂技表演也非常精彩，如平衡术和马戏表演。通过这部分内容，我们可以欣赏到中国传统体育、游艺和杂技的独特之处。

（5）传统医药：中国的传统医药在世界范围内享有盛誉，它融合了悠久的历史和文化智慧。通过这部分内容，我们可以深入了解中国传统医药的治疗方法和独特之处。

这些分类可以帮助我们更好地理解和欣赏中国丰富多彩的非物质文化遗产，它们是我们传统文化的一部分，也是祖先留给我们的宝贵财富。通过学习这些内容，我们可以更深入地了解中华传统文化及其多样性。

目录

上册

第一章　表演艺术

第二章 传统美术与技艺

下册

第三章 民间文化与民俗

第四章 传统体育、游艺与杂技

第五章 传统医药

第一章 表演艺术

第一节　古琴艺术

在这次活动中，你将有机会了解古琴文化、亲自动手制作古琴主题手工艺品。这次活动能够激发你对中华传统文化的兴趣，培养你的创造力和动手能力。

一、研学目标

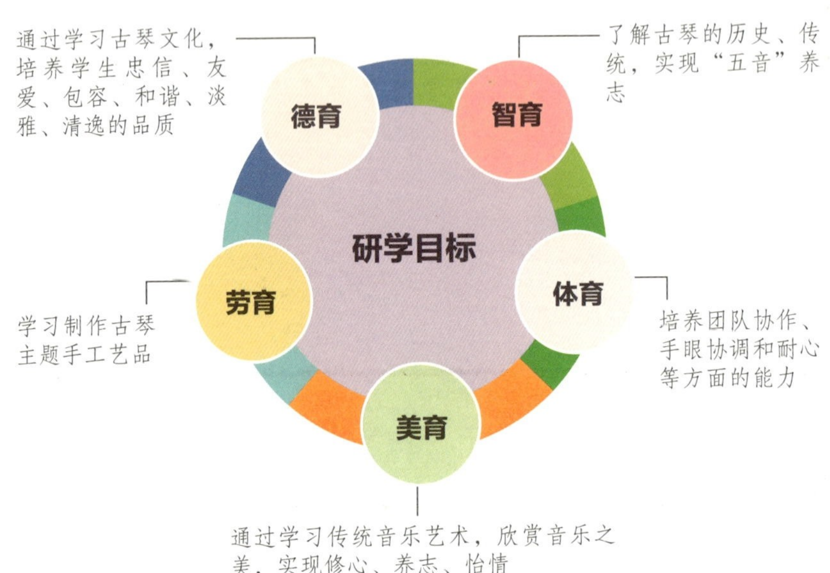

二、研学探究

（一）研学

情景感知：古琴世界的奇妙之旅

嗨，小朋友们！让我们一起开始非物质文化遗产世界的奇妙之旅吧！那里有许多有趣的故事和传统！我们会学到很多关于古琴的知识，它们反映了祖祖辈辈的智慧呢！

1.历史小侦查

在这个环节小朋友们可以了解古琴的历史背景。

古琴，又称瑶琴、玉琴、七弦琴，是中国传统拨弦乐器，也是中国最早的弹拨乐器之一，属于“八音”中的丝类乐器。古琴在中国古代的乐器中地位很高，自古“琴”特指古琴，在现代为了与钢琴等区别而改称古琴，是“四艺”琴、棋、书、画之首。它是中国传统乐器的代表，更是中国文化的瑰宝。

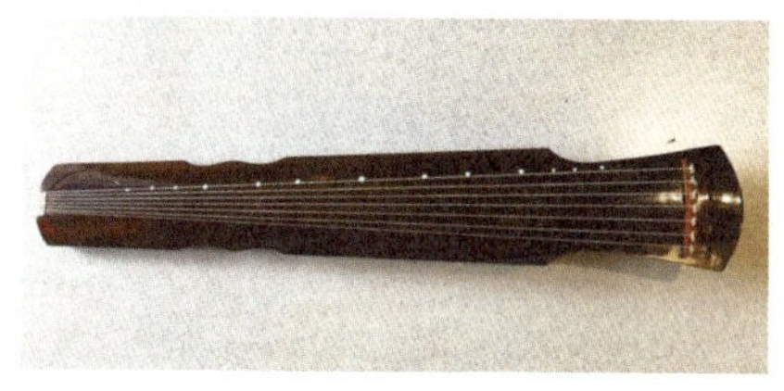

传统古琴样例

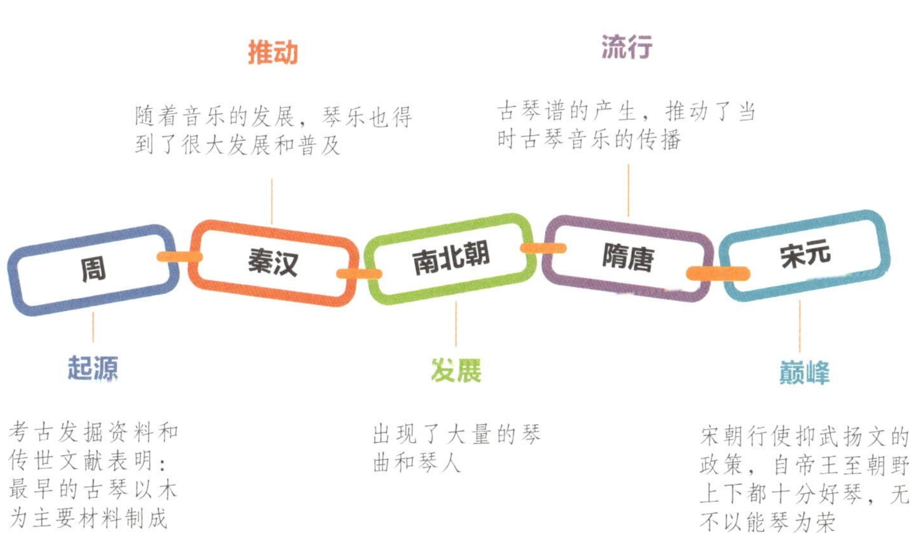

2.独特小发现

让我们用敏锐的观察力来发现古琴的特点吧！

仔细观察

中国古琴的特点：古琴琴身以木制成，琴面系有七根弦，古称七弦琴。古琴的音色悠扬深邃，具有灵性，音域宽广，能够表达各种情感和意境，具有浓郁的中国文化气息。

内涵理解：发现古琴的精彩

在遨游过古琴历史的知识海洋后，我们即将跳进中国古琴的奇妙世界，看看它背后的故事、珍贵的价值和有趣的寓意。让我们一起展开想象力的翅膀，感受非物质文化遗产的无限精彩吧！

1.文化守护者

想想古琴为什么重要，我们为什么要保护它？

古琴承载了中国深厚的传统文化和艺术价值，是中国古代音乐文化的重要载体。保护古琴不仅是保护乐器本身，也是保护中国的传统文化。

学生体验

古琴这种非物质文化遗产，带给我们深深的文化自信和民族自豪感。古琴技艺值得我们世代相传，它能让我们更了解中国的文化。希望这一传统艺术可以在现代社会中继续传承下去。

2.心灵小窗户

你对学习中国古琴文化有什么感受和想法呢？

李同学说："我觉得古琴音色悠扬，悦耳动听。并且古琴种类多样，每一种都很珍贵。"

古琴研学

学生体验

特征探究：古琴秘密的小侦探

让我们一起探究古琴主题手工艺品的制作特点，揭开它的神秘面纱。在这个过程中你将成为一名小小手艺人，亲手制作一个属于你自己的古琴主题手工艺品。

在制作古琴主题手工艺品时，会用到一些工具，如剪刀、蜡笔、彩纸、琴穗等。不同的工具可以创造出不同的效果。

制作古琴主题手工艺品所需工具

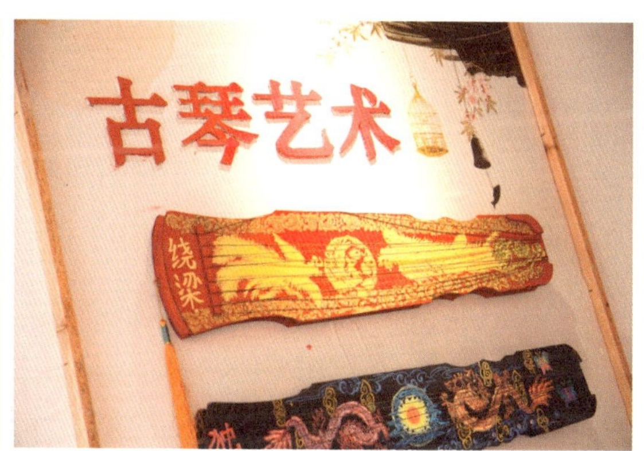

学生作品

古琴主题手工艺品的制作步骤

1.选择琴身样式和图案	选择你想制作的琴身样式和图案
2.绘制琴身	依照选定的图案，用铅笔轻轻勾勒出琴身的轮廓并用蜡笔为其上色
3.绘制琴头、琴尾和琴弦	参考古琴照片绘制琴头、琴尾和七根琴弦
4.剪纸	使用剪刀，按照轮廓小心地剪纸。注意保持手的稳定，以确保切割的线条平滑
5.安装琴穗	选择合适的琴穗进行安装
6.展示和保护	在完成古琴主题手工艺品后，可以用透明胶纸覆盖以保护作品

（二）创新

制品创作：做个小小设计师

准备好展示你的创造力了吗？我们可以用所学的知识去创作文化作品！无论是画画、做手工还是写故事，我们一起来尝试各种形式，成为小小设计师吧！

杨同学根据古琴照片绘制琴身、琴头、琴尾和琴弦，然后用剪刀将其剪下，最后在作品上放置了一个琴穗，古琴被衬托得更加美丽了。

学生创作

他的制作步骤一共四步：

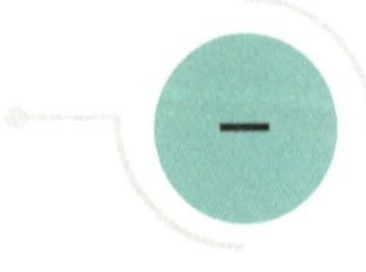

准备好工具和古琴样式参考照片

绘制古琴并润色

将绘制的古琴裁剪下来

为古琴加上琴穗

传播推广：分享古琴之美

现在，让我们向大家展示我们所学的中国古琴文化吧，成为非物质文化遗产的小使者，和家人、朋友、同学一起分享这些美好的文化！

1.小小文化大师

在学校的非物质文化遗产解说活动中，杨同学和同学们分享了“古琴之传”，为大家讲解了古琴的历史和价值：古琴有三千年以上的悠久历史，是人们智慧的结晶，表现了华夏儿女对美好事物的赞颂和追求。

学生解说

2.小小活动策划

在华南师大附小的家长开放日活动中，老师和同学们一起开展了古琴体验和古琴知识问答活动，尽最大的努力将这种传统文化发扬光大。

古琴知识问答活动现场

（三）研学反思

自我反思：我们的古琴故事

太棒了，小伙伴们！在这段中国古琴之旅里，你们学到了很多吧。现在，让我们一起来看看同学们是如何回顾这段美好时光的吧！

蓝同学说："通过这次的古琴研学活动，我了解了古琴的历史，学会了如何鉴赏古琴，还认识到了古琴纹样的寓意。古琴是'四艺'之首，它是中国传统乐器的代表，更是中国文化的瑰宝。"

学生体验

三、总结思考

1.研学总结

在这个有趣的研学活动中，我们一起探索了中国古琴的神奇世界。通过一系列活动，我们更深入地了解了中国古琴的历史、特点以及文化价值。

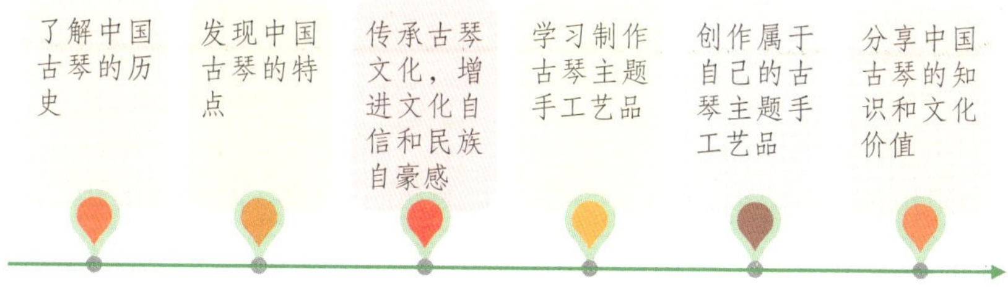

经历了这个研学过程，相信我们每个人都可以承担起传承非物质文化遗产的责任，让中华民族的经典文化延续下去，也让全世界感受到中华传统文化的魅力。

2.阅读思考

观看瑟和古筝的图片，比较两者有哪些不同之处。
（提示：锦瑟无端五十弦，一弦一柱思华年。——【唐】李商隐）

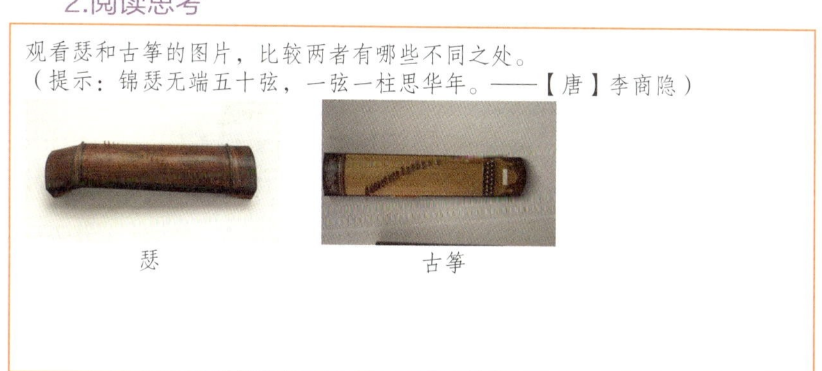

瑟　　古筝

阅读《三国演义》或观看其影视剧，观察“空城计”的故事中诸葛亮弹奏的是哪种乐器。

第二节 广东醒狮

在这次活动中，你将有机会了解醒狮文化、亲自动手制作醒狮主题手工艺品。这次活动能够激发你对中华传统文化的兴趣，培养你的创造力。

一、研学目标

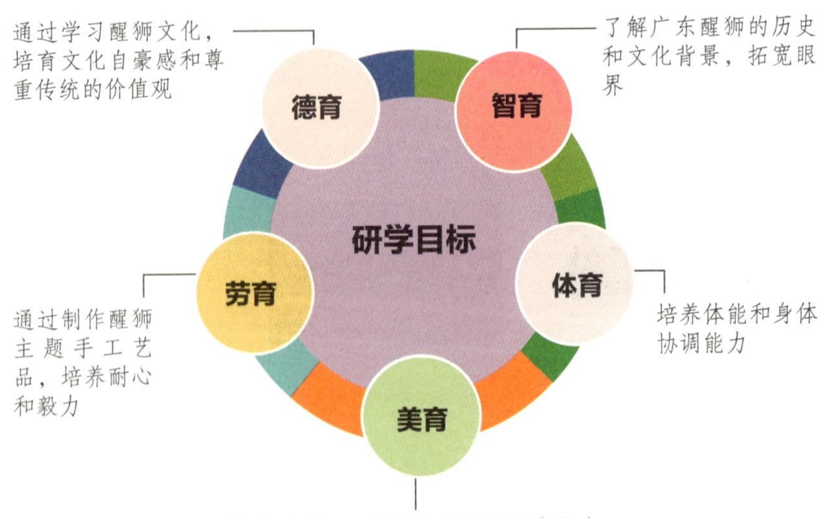

二、研学探究

（一）研学

情景感知：醒狮世界的奇妙之旅

嗨，小朋友们！让我们一起开始非物质文化遗产世界的奇妙之旅吧！那里有许多有趣的故事和传统！我们会学到很多关于广东醒狮的知识，它们反映了祖祖辈辈的智慧呢！

1.历史小侦查

在这个环节小朋友们可以了解广东醒狮的历史背景。

传统醒狮样例

醒狮是一种古老的传统民俗文化活动，由唐代宫廷狮子舞脱胎而来。五代十国之后，随着中原移民的南迁，舞狮文化传入岭南地区。广东舞狮本称“瑞狮”，在清末民初时，“中国先睡后醒论”广泛传播，舞狮团将“瑞狮（睡狮）”改名为“醒狮”，寓意唤醒国家、国民。

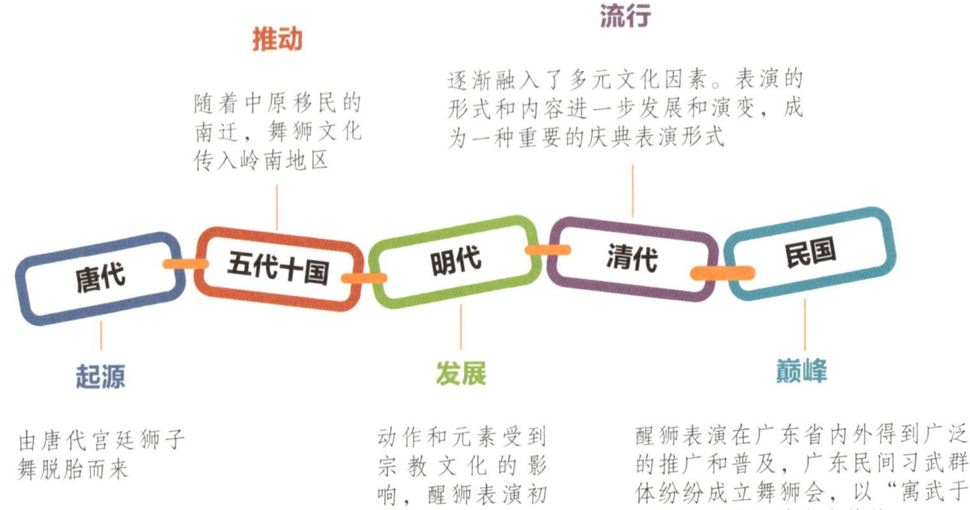

2.独特小发现

让我们用敏锐的观察力来发现广东醒狮的特点以及南狮、北狮的异同吧。

广东醒狮的特点：被认为是驱邪避害的吉祥瑞物，每逢节庆或有重大活动，必有醒狮助兴。醒狮表演以南拳马步为主。在表演中，狮子要站在台子上或横木上，随着舞狮人动作变换，狮子会随时做出跳跃姿态，这要求表演者能在瞬间表现出狮子的灵活、敏捷和富有灵性的姿态。

广东醒狮样例

南狮造型威猛且富浪漫主义气息。狮头为戏曲脸谱风格，色彩艳丽，制造考究，眼嘴可动。狮头上有角，传闻以前是用铁做的，以应付舞狮时经常出现的武斗。

北狮造型以写实为基础，酷似真狮。狮头较为简单，全身披金黄色毛，舞狮者的裤子、鞋也会披上毛，看起来惟妙惟肖。狮头上有红结者为雄狮，有绿结者为雌狮。

南狮　　北狮

内涵理解：发现醒狮的精彩

在遨游过醒狮历史的知识海洋后，我们即将跳进广东醒狮的奇妙世界，看看它背后的故事、珍贵的价值和有趣的寓意。让我们一起展开想象力的翅膀，感受非物质文化遗产的无限精彩吧！

1.文化守护者

想想醒狮文化为什么重要，我们为什么要保护它？

广东醒狮文化有着悠久的历史，具有深厚的文化底蕴，它是中华优秀传统文化的重要组成部分，是中国传统舞蹈艺术的优秀代表。

广东醒狮具有浓厚的吉祥、喜庆色彩以及烘托气氛的能力。海外华侨也会成立醒狮队，因为醒狮不仅蕴含深远的文化价值，也是海外侨胞认祖归宗的文化桥梁。

学生体验

醒狮艺术是以传统文化为基础的，它既有鲜明的民族特色，又有着鲜明的时代特征，还有强烈的感染力。我们要学习、珍惜并传承这一非物质文化遗产，让这种传统艺术在现代社会中继续传承下去。

2.心灵小窗户

你对学习广东醒狮文化有什么感受和想法呢？

醒狮表演是一种历史悠久、流传很广的民间艺术形式。表演的主要套路有“采青”“高台饮水”“狮子吐球”“踩梅花桩”等。其中“采青”是醒狮表演的精髓，有起、承、转、合等过程，具有戏剧性和故事性。“采青”历经变化，派生出多种套路，广泛流传。

广东舞狮样例

洪同学说：“对广东人来说，醒狮表演是一门动人心魄的艺术，每次观看都觉得热血沸腾。通过学习醒狮的相关历史知识，我感觉对广东醒狮更热爱了一些。我最大的收获就是学会了打南拳，配合敲点打南拳时，我心里特别

学习南拳

自豪。我希望有一天能有机会真正学会广东醒狮表演。”

特征探究：醒狮秘密的小侦探

让我们一起探究广东醒狮的特点，揭开它的神秘面纱。在这个过程中你也将成为一名小小手艺人，亲手制作一个属于你自己的醒狮主题手工艺品。

在制作醒狮主题手工艺品时，需要用到一些工具，如轻黏土、刻刀和模具等。选择不同的颜色的轻黏土，可以制作不同样式的醒狮，其中黄色、红色、黑色为传统广东醒狮常用的三种主颜色。

制作工具和样品

醒狮主题手工艺品的制作步骤

1.绘制轮廓	将轻黏土压成片状作为底板，用竹签大致画出醒狮轮廓
2.图案装饰	底板轮廓画出来后，用条状或块状的轻黏土作为醒狮的毛发以及五官，再参照图片或者发挥想象进行装饰
3.绘制毛发	最后用竹签对毛发进行处理
4.上色（可选）	等轻黏土干燥后，用颜料上色

学生作品

（二）创新

制品创作：做个小小设计师

准备好展示你的创造力了吗？我们可以用所学的知识去创作文化作品！无论是画画、做手工还是写故事，我们一起来尝试各种形式，成为小小设计师吧！

骆同学运用水彩笔和闪粉制作了一个醒狮作品。醒狮的花纹上融合了很多特别的图案，这是一个专属于他的醒狮样式。

关同学制作的创意醒狮作品是一个会动的醒狮纸偶。他用羊角钉固定醒狮身体的不同部位，再粘上木棍，用于操控醒狮活动。

学生体验

他的制作步骤一共四步：

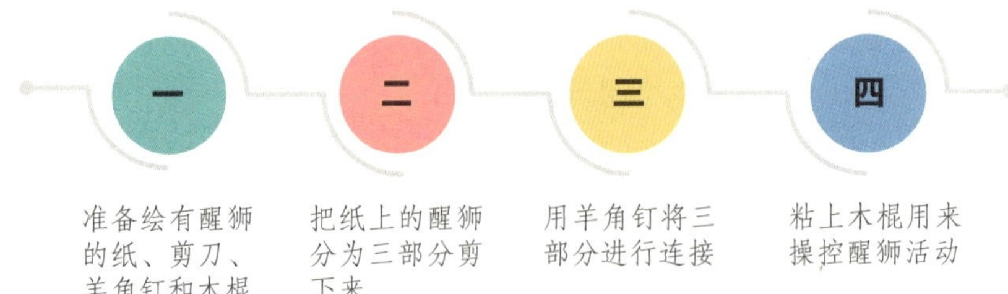

传播推广：分享醒狮之美

现在，让我们向大家展示我们所学的广东醒狮文化吧，成为非物质文化遗产小使者，和家人、朋友、同学一起分享这些美好的文化！

1.小小文化大师

在学校的非物质文化遗产作品展示中，邓同学用自己制作的醒狮纸偶作品和同学们分享了醒狮文化。他通过操控纸偶活动，向同学们演示了醒狮表演常见的动作。

学生作品展示

2.小小活动策划

在华南师大附小的家长开放日活动中，老师和同学们一起制作了许多精美的醒狮相关作品进行展览，并加入了一段对醒狮的介绍说明。同时，老师还组织同学们学习了南拳的打法，亲身体验舞狮文化，尽最大的努力将这一传统文化发扬光大。

醒狮活动现场

（三）研学反思

自我反思：我们的醒狮故事

太棒了，小伙伴们！在这段广东醒狮之旅里，你们一定学到了很多。现在，让我们一起来看看同学们是如何回顾这段美好时光的吧！

多位同学提到：醒狮文化传承着仁、义、勇、智、孝、忠等中华传统文化的精神，体现了中华民族的精神气节，和开拓、团结、不畏艰险的民族形象完全契合。舞狮运动承载着勇敢无畏的

学生分享

精神追求、奋发有为的精神寄托。绘制醒狮的面部特征和表情更是一项艺术，因为它承载着丰富的文化象征和寓意，是传统手工艺的代表。

三、总结思考

1.研学总结

在这次有趣的研学活动中，我们一起探索了广东醒狮的神奇世界，更深入地了解了广东醒狮的历史、特点、表演过程以及文化价值，收获真大。

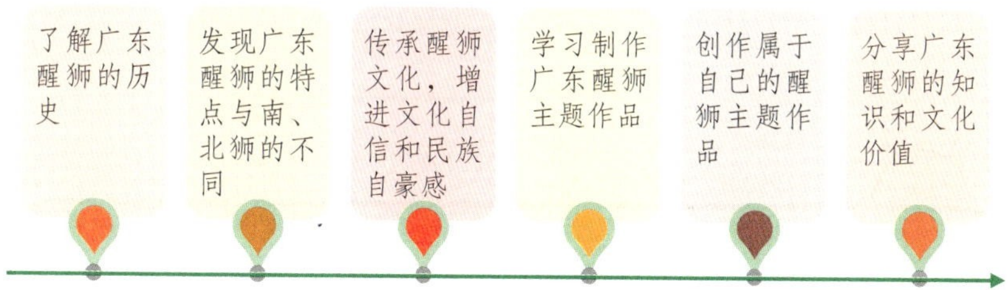

经历了整个研学过程，相信我们每个人都可以深刻领悟传统文化背后蕴含的智慧和价值观，并认识到我们的使命不仅仅是让醒狮文化得以延续，也是让中华民族的文化瑰宝继续闪耀，向世界呈现中华传统文化的魅力。

2.阅读思考

请观看以下图片，你觉得这张图片中的醒狮表演展示的是什么文学故事？ 
请你叙述这个故事的背景和重要事件，以及它所反映的中华传统文化价值观。

第三节　龙舞文化

在这次活动中，你将有机会了解龙舞文化、亲自动手制作龙舞中的龙具并表演龙舞。这次活动能够激发你对中华传统文化的兴趣，培养你的创造力。

一、研学目标

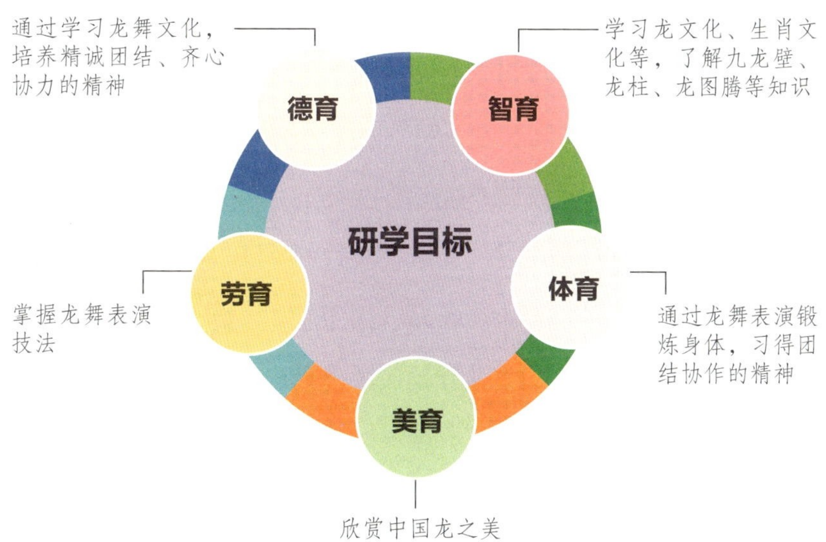

二、研学探究

（一）研学

情景感知：龙舞世界的奇妙之旅

嗨，小朋友们！让我们一起开始非物质文化遗产世界的奇妙之旅吧！那里有许多有趣的故事和传统！我们会学到很多关于中国龙舞的知识，它们反映了祖祖辈辈的智慧呢！

1.历史小侦查

在这个环节需要小朋友们了解龙舞文化的历史背景。

中国龙舞

龙舞，也称舞龙，民间又叫耍龙、舞龙灯，是中国传统民间舞蹈之一。直至现在，龙舞仍是民间喜庆节令场合普遍存在的舞蹈形式之一。早在汉代就有杂记记载了这样的壮观场面：为了祈雨，人们身穿各色彩衣，舞起各色大龙。渐渐地，舞龙成为人们表达良好祝愿、祈求人寿年丰必有的形式，尤其是在喜庆的节日里，人们更是手舞长“龙”，表达着欢快的情绪。

人们为了求雨而进行龙舞活动，此外，龙舞还是一种类似杂耍的百戏

在元宵节时，龙舞已然成为了当时市民娱乐活动的主角

龙舞基本演变为民间各地的娱乐活动，和庙会一起，成了正月里的几大盛事之一

2.独特小发现

让我们用敏锐的观察力来发现中国龙的特点吧。

中国龙是以蛇为主体的图腾综合物。它有蛇的身、驼的头、鹿的角、牛的耳、羊的须、鹰的爪、鱼的鳞。在远古氏族社会时，以蛇为图腾的黄河流域的华夏族（汉族旧称）战胜了其他氏族，同时吸收了其他氏族的图腾特点，组合成龙图腾。

中国龙

龙是中华民族的图腾和信奉的祖先。龙舞是华夏精神的象征，它体现了中华民族团结合力、奋发开拓的精神面貌，包含了天人和谐、造福人类的文化内涵，是中国人在吉庆和祝福时节最常见的娱乐方式，气氛热烈，催人振奋，是中华民族极为珍贵的文化遗产。

内涵理解：发现龙舞文化的精彩

在遨游过龙舞历史的知识海洋后，我们将要跳进龙舞文化的奇妙世界，看看它背后的故事、珍贵的价值和有趣的寓意。让我们一起展开想象力的翅膀，感受非物质文化遗产的无限精彩吧！

1.文化守护者

想想龙舞文化为什么重要，我们为什么要保护它？

龙文化既体现了天人和谐的文化内涵，也体现了华夏人民继承与发扬的民族精神，是中华优秀传统文化之一。

学生体验

龙舞是龙文化的代表，是在几千年的历史发展过程中，人们所创造出来的代表中华民族、中国文化、华夏精神的象征。龙舞传达了人们内心的愿望和希冀，表现着人们对龙图腾、对生命、对宇宙的崇拜。

学生体验

我们要珍惜并传承这一非物质文化遗产，因为它让我们更了解中华传统文化。通过学习龙舞文化，我们可以提高文化自信和民族自豪感，让这种传统艺术在现代社会中继续传承下去。

2.心灵小窗户

你对学习中国龙舞文化有什么感受和想法呢？

龙舞最基本的表现手段是道具造型和动作套路。龙舞的表演场地通常是城镇和社区的广场以及较大的空地。龙舞的传统表演程序一般为“请龙”“出龙”“舞龙”和“送龙”。

中国龙舞表演

张同学说：“学习中国龙舞文化真的很有趣！我觉得龙舞不只是一种舞蹈，更是中华传统文化的一部分。龙在中国文化中有着特殊的地位，被视为祥瑞和力量的象征。我喜欢龙舞中五彩斑斓的龙身和长长的龙尾，还有那些充满活力的舞者。他们的表演总是充满了能量，令人印象深刻。”

充满活力的舞者

特征探究：龙舞秘密的小侦探

让我们一起探究龙舞文化的特点，揭开它的神秘面纱。在这个过程中你也将成为一名小小手艺人，和你的伙伴一起亲手制作一个属于你们的龙具。

在制作龙具时，需要用到一些工具，如彩纸或绘画纸、颜料、长竹竿或棍子、剪刀、胶水以及用于装饰的彩色丝带等。

制作龙具所需工具

龙具的制作步骤

1.设计龙具样式	用铅笔在彩纸上绘制自己想要的龙的形状，包括龙头、龙身和龙尾
2.制作龙具	根据设计图纸，与你的伙伴一起剪出龙头、龙身和龙尾的形状，并将龙头、龙身和龙尾分别粘贴在长竹竿上，确保它们牢固固定
3.检查、装饰和完善	使用墨水、颜料和画笔，为龙的头、身体和尾巴绘制各种装饰图案，如鳞片、花纹等。在这一步骤可以展现你们的创意，使用各色的丝带、纸带或绸带装饰龙的身体，使其更加美丽
4.展示并表演龙舞	选择合适的音乐或敲击鼓点，以模拟龙舞的氛围。与你的伙伴一起模仿龙舞的基本动作，如龙头的摇摆和龙身的起伏，向老师、家长或朋友进行展示、表演

学生龙舞表演

（二）创新

制品创作：做个小小设计师

准备好展示你的创造力了吗？我们要用所学的知识去创作文化作品！无论是画画、做手工还是写故事，我们一起来尝试各种形式，成为小小设计师吧！

姚同学制作了一个小龙作品，使用了双面胶、彩纸、小木棍、剪刀等工具。她的小龙以丰富的色彩、独特的设计和精湛的手工技艺展现了中国龙文化的魅力。

学生作品

她的制作步骤一共四步：

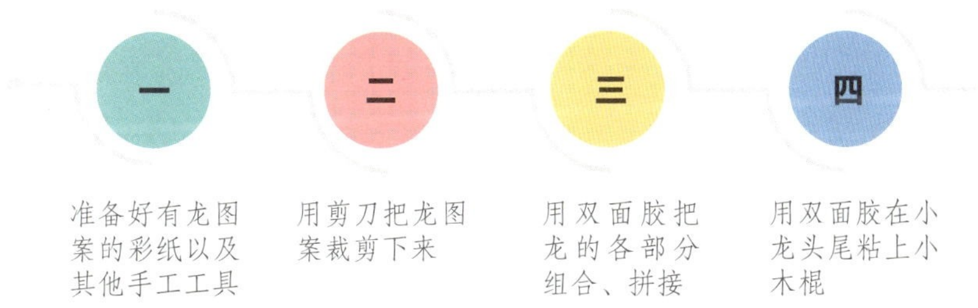

萧同学和李同学用彩笔一起绘制了属于他们的中国龙。他们的中国龙绘画充满了生气，龙身色彩绚丽，每一笔都显示着他们的创造力，展现了中国文化的特色。

学生创作现场

传播推广：分享龙舞文化

现在，让我们向大家展示我们所学的龙舞文化吧，成为非物质文化遗产小使者，和家人、朋友、同学一起分享这些美好的文化！

1.小小文化大师

在学校的非物质文化遗产作品展示中，小秦、小张、小姚、小萧四位同学一起为大家呈现了一场舞蹈表演。她们的表演以中国传统龙舞为基础，用优美的动作和华丽的装饰展现了古老的传统与韵味，同时又融入了现代元素，生动地展示了中国龙舞文化的魅力。

学生表演

2.小小活动策划

在华南师大附小的家长开放日活动中，老师和同学们共同参与了精彩的龙舞文化活动，包括令人赞叹不已的龙舞表演、精美的中国龙作品制作以及丰富多彩的才艺表演。并通过装饰教室展墙向大家宣传中国龙舞文化的美妙之处，尽最大的努力将这一传统文化发扬光大。

龙舞文化活动现场

（三）研学反思

自我反思：我们的龙舞故事

太棒了，小伙伴们！在这段中国龙舞之旅里，你们一定学到了很多。现在，让我们一起来看看同学们是如何回顾这段美好时光的吧！

姚同学说：“龙舞不仅是一种表演，还有深刻的文化内涵。龙在中国文化中代表着幸福、好运和团结。龙文化既体现了天人和谐的文化内涵，也体现了华夏人民继承与发扬的民族精神，是中华优秀传统文化之一。”

学生分享

学生作品

三、总结思考

1.研学总结

在这次有趣的研学活动中，我们一起探索了龙舞文化的神奇世界，更深入了解了龙舞的历史、特点、表演过程和文化价值，收获真大！

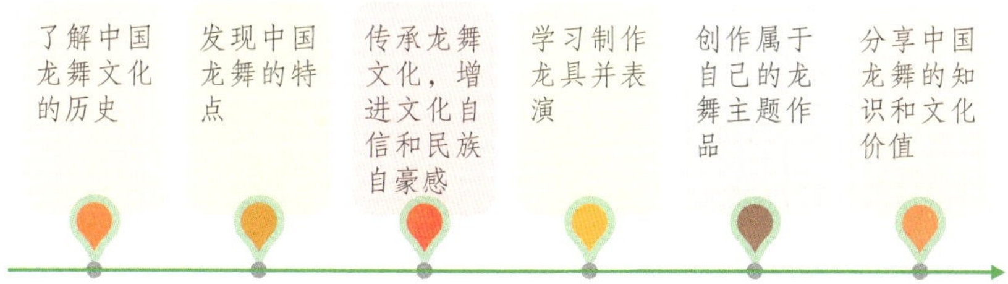

经历了整个研学过程，我们不仅了解了龙舞的历史、文化内涵和象征意义，还亲身参与了龙舞表演。我们中华民族作为龙的传人，要承担起传承非物质文化遗产的责任，让中华民族的经典文化延续下去，也让全世界感受到中华传统文化的魅力。

2.阅读思考

如果有一套用于三人表演的龙具，但龙头、龙身、龙尾的把手长短不一，长度由短到长对应的是龙身、龙尾、龙头。小明、小红、小刚三人要使用这套龙具表演龙舞，其中小明最高、小红最矮。你认为龙舞队列的位置怎样安排更合理？小朋友可以画出来。

你知道有哪些关于龙的四字成语？

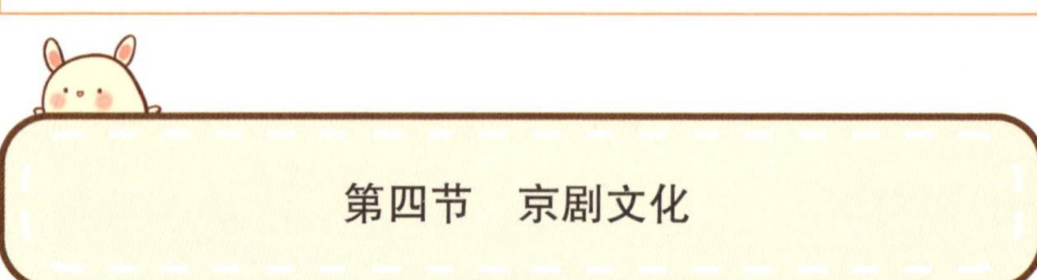

第四节　京剧文化

在这次活动中，你将有机会了解京剧文化、体验京剧化装、学习唱念做打的基本技法。这次活动能够激发你对中华传统文化的兴趣，培养你的创造力和审美能力。

一、研学目标

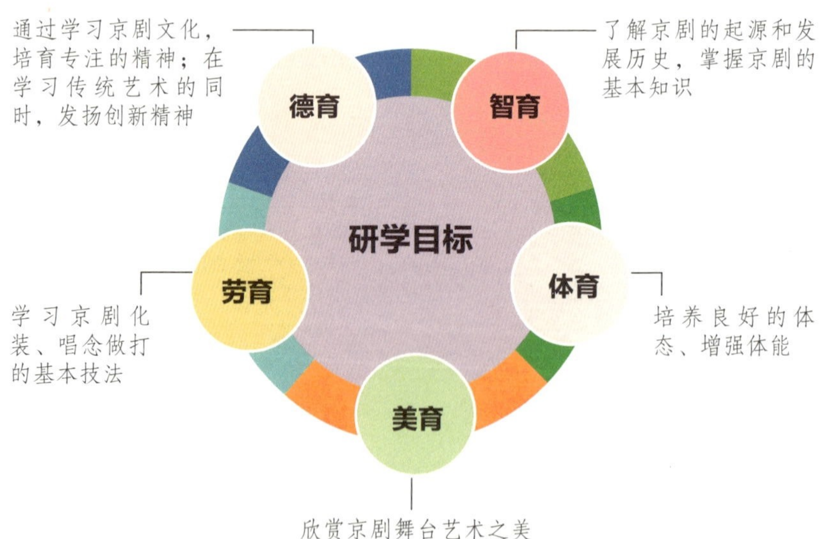

二、研学探究

（一）研学

情景感知：穿越时空，探秘京剧的神奇世界

小朋友们，跟着京剧小导游一起坐上时光机，我们马上就要穿越时空，来到200多年前的古老京城，探索京剧文化的奥秘！

1.历史小侦查

在这个环节小朋友们可以了解京剧的历史背景。

京剧起源于18世纪晚期的北京，是在昆曲、秦腔、徽剧、汉剧等戏曲艺术的基础上形成的，在19世纪中叶发展成为京剧，并在20世纪初的民国时期迅速发展壮大。

一百多年来，京剧作为中国最重要的剧种之一，深受人民喜爱。2010年，京剧被列入联合国教科文组织人类非物质文化遗产代表作名录。

2.独特小发现

京剧人物绘画

京剧脸谱一般以某一种颜色来象征人物的品质、性格、气度等，这种颜色被称为“主色”。它夸张了人物

京剧脸谱样例

面貌，是脸谱最主要的表现手法。我们来看看几种经典的京剧脸谱主色介绍。

①红色，象征忠贞、英勇、正直，使用人物如关羽、常遇春、姜维等。

②黑色，象征鲁莽、刚正不阿，使用人物如张飞、包拯、项羽、杨七郎、李逵等。

③白色，象征阴险、狡诈、狠毒，使用人物如曹操、秦桧、严嵩、司马懿、赵高等。

④黄色，象征骁勇、凶暴，使用人物如典韦、宇文成都、庞涓等。

⑤蓝色，象征刚强、骁猛，使用人物如窦尔敦、马武等。

⑥绿色，象征勇猛、莽撞、冲动，使用人物如徐世英。

⑦紫色，介于黑红两色之间，象征智勇刚义、刚正威严，使用人物如托塔李天王。

京剧脸谱色彩艳丽、夸张传神，每一种脸谱都有其独特的含义。

内涵理解：掀开京剧的历史记忆

在遨游过京剧历史和京剧脸谱的知识海洋后，我们将要跳进京剧文化的奇妙世界，看看它背后的故事、珍贵的价值和有趣的寓意。让我们一起展开想象力的翅膀，感受非物质文化遗产的无限精彩吧！

1.文化守护者

想想京剧为什么重要，我们为什么要保护它？

京剧作为中国最重要的剧种之一，承载着中华民族悠久的文化底蕴。它保留了中国古典戏剧的传统与精髓，也吸收了各地剧种的长处，可以说，京剧集中国剧种发展的精华之大成。

学生制作京剧脸谱

2.心灵小窗户

你对学习京剧文化有什么感受和想法呢？

续同学说：“脸谱的色彩都很丰富、面部表情都很夸张，京剧化装使用浓重的色彩，有强烈的对比，不同的角色和人物类型有不同的脸谱化装方法。脸谱能表现出戏曲人物的面貌、性格、身份和年龄特点，我非常喜欢，我做了‘丑’的手工艺作品。”

学生体验

特征探究：京剧小演员

小朋友们，跟京剧小导游一起变身成为京剧小演员，感受这种独特艺术的魅力吧！

1.京剧小手艺人

让我们一起探究京剧脸谱的制作特点，揭开它的神秘面纱。在这个过程中你也将成为一名小小手艺人，亲手制作一个属于你自己的京剧脸谱。

学生制作的生、旦、净、丑四个行当创意脸谱

要装扮成京剧角色，第一步就是制作脸谱。来！让我们一起学习京剧脸谱的绘制方法。

首先，准备好工具和材料，如粉笔、颜料、小棉签等。

其次，根据角色特点选择脸谱类型，如红脸代表忠勇、金脸代表威武。

再次，用粉笔描出脸谱轮廓，再用颜料进一步绘制和渲染脸谱。

最后，用小棉签描绘脸谱细节，如眉毛、胡须等。

大家可以结合自己喜爱的京剧角色，试着绘制属于自己的京剧脸谱，装扮成古人，会有一种穿越时空的感觉！

学生体验

2.京剧小演员

装扮好以后，就该上台表演啦！京剧的舞台表演包括唱、念、做、打。

唱指歌唱，念指具有音乐性的念白，二者相辅相成，构成歌舞化的京剧表演艺术两大要素之一的“歌”；做指舞蹈化的形体动作，打指武打和翻跌的技艺，二者相互结合，构成歌舞化的京剧表演艺术两大要素之一的“舞”。

学生学习唱念做打

（二）创新

制品创作：京剧小剧场

准备好展示你的创造力了吗？我们要用所学的知识去创作文化作品！无论是画画、做手工还是写故事，我们一起来尝试各种形式，成为小小设计师吧！

同学们可以设计京剧人偶，用木板、布料、彩绘颜料等材料制作，再配合自制的小场景；也可以录制微电影，自己编剧、导演、演出；还可以用动画来还原京剧著名剧目的精彩场景。

学生制作京剧角色

传播推广：京剧文化小宣传员

现在，向大家展示一下我们所学的京剧文化吧，成为非物质文化遗产小使者，和家人、朋友、同学一起分享这些美好的文化！

1.小小文化大师

在京剧文化传播的代表班级，同学们非常高兴向各位来访的同学和家长介绍京剧文化。家长开放日一大早，班上就有好几个同学打扮成京剧角色，很多同学都在教室里手工制作京剧人偶。教室里那天可热闹了，大家都非常开心。

学生进行京剧文化推广

2.小小活动策划

在华南师大附小的家长开放日活动中，老师和同学们在班级里播放歌曲《说唱脸谱》，按照生、旦、净、丑四个行当，各租借两套戏服。16个孩子分为两个小队轮班表演。

学生的京剧表演活动

（三）研学反思

自我反思：我们的京剧故事

太棒了，小伙伴们！在穿越时空、探秘京剧的神奇世界里，你们学到了很多吧。现在，让我们一起来看看同学们是如何回顾这段美好时光的吧！

郑同学告诉我们：京剧很美，他喜欢看京剧表演，画脸谱喜欢画蓝脸的窦尔敦、红脸的关羽、黑脸的张飞。班级活动那天他虽然很累但很开心，他深刻地体验到了京剧表演“台上一分钟，台下十年功”。

学生分享

三、总结思考

1.研学总结

通过这次京剧文化主题研学，我们对京剧的起源、发展、表演艺术有了更深刻的理解。京剧是中华文化的瑰宝，我们既要继承和传播它，也要创新，使其与时俱进。希望我们每一位小朋友都能成为京剧文化的传承者和践行者。

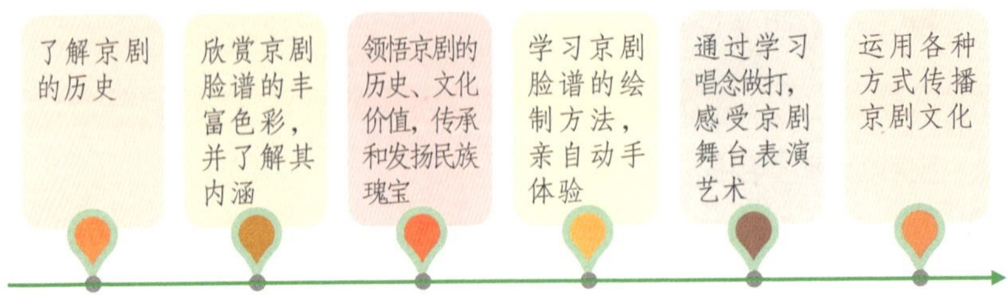

经历了整个研学过程，相信我们每个人都可以承担起传承非物质文化遗产的责任，让中华民族的经典文化延续下去，也让全世界感受到中华传统文化的魅力。

2.阅读思考

京剧化装中使用了对比色，请你简单解释一下使用红色和黑色对比在京剧化装中的视觉效果。
京剧中的人物经常做圆周运动，请你举一个例子，并用你学过的知识简单解释圆周运动。

第五节　皮影戏文化

在这次活动中，你将有机会了解皮影戏、亲自动手制作皮影。这次活动能够激发你对中华传统文化的兴趣，培养创造力。

一、研学目标

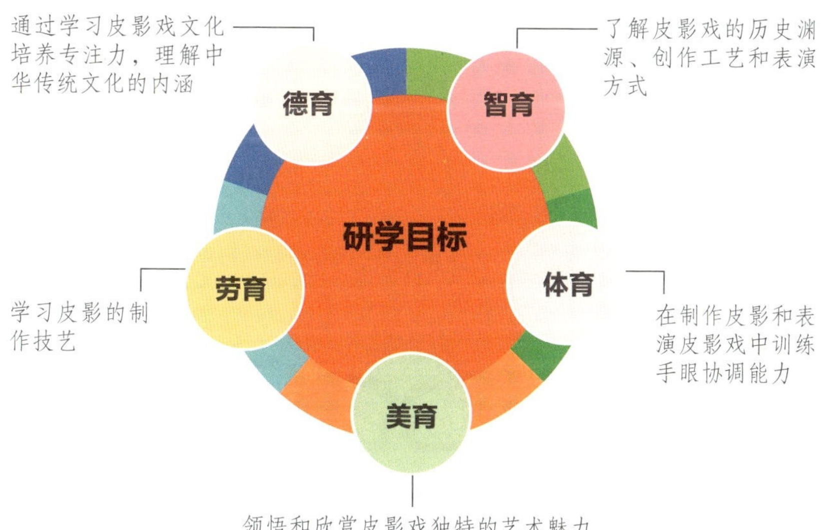

二、研学探究

（一）研学

情景感知：穿越古今，探索皮影戏

小朋友们，跟着小导游坐上时光机，我们马上就要穿越千年，来到皮影戏的发源地，一起探索这种古老艺术的奥秘！

1.历史小侦查

皮影戏在中国已有两千多年的历史，最早见于汉武帝时期的文献记载。皮影戏经历了长期发展过程，到明清时期形成了多种流派。2011年，皮影戏被列入联合国教科文组织人类非物质文化遗产代表作名录。

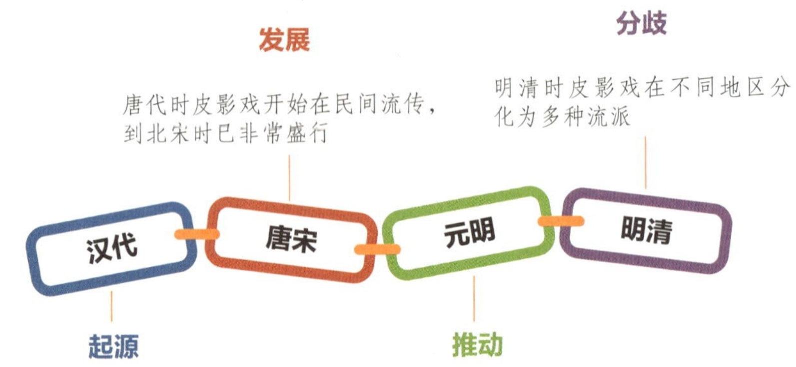

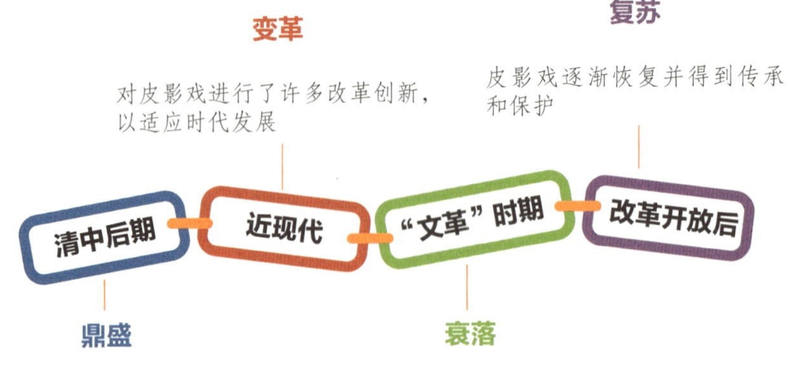

学生制作的皮影样例

2.独特小发现

中国各地的皮影戏都形成了自己的特色。四川皮影戏注重武戏和变脸，山东皮影戏人偶造型逼真，湖南皮影戏绚丽多彩，我们可以来欣赏不同地域的皮影戏的风格。

四川皮影戏

山东皮影戏

湖南皮影戏

内涵理解：发现皮影戏的历史价值

皮影戏不仅仅是一种表演艺术，它还承载了丰富的历史文化内涵。让我们一起发掘皮影戏的历史记忆。

1.文化守护者

想想皮影戏为什么重要，我们为什么要保护它？

皮影戏集中国绘画、雕塑、剪纸等多种传统工艺之大成，也反映了各地民俗风情，是传统文化的瑰宝。我们有责任传承皮影戏这种独特艺术，让它代代相传。

皮影戏里记录了很多的历史故事和文化典故，是我国优秀的文化遗产，所以我们要保护和传承它。

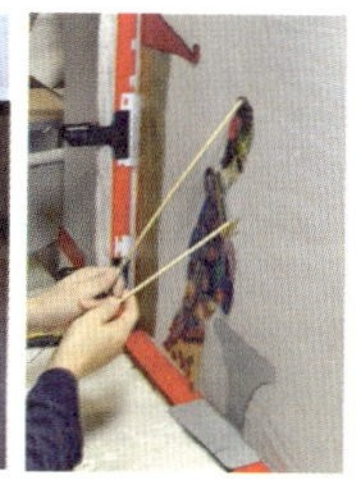

学生体验

我们要珍惜并传承这一非物质文化遗产，因为它让我们更了解中华传统文化。通过学习皮影戏文化，我们可以提高文化自信和民族自豪感，让这一传统艺术在现代社会中继续传承下去。

2.心灵小窗户

你对学习中国皮影戏文化有什么感受和想法呢？

蔡同学说："我第一次看到皮影戏，就被它神奇的表演方式深深吸引了。皮影人物栩栩如生，配合动听的音乐声，每一个动作都那么传神、活泼。这令我看到了中华传统文化独特的魅力，我一定会持之以恒地学习皮影戏表演，也希望能让更多人了解它的艺术价值。"

孙悟空皮影

李同学说："学习皮影戏文化让我很开心，我的绘画技巧有了提高，表演皮影戏让我的手也更灵活了，我很喜欢皮影戏。皮影像一个老旧的古董，但是涂色之后，变得很好看，可以让我们发挥创意。”

学生绘画皮影

特征探究：皮影制作的小侦探

让我们一起探究皮影的制作特点，揭开它的神秘面纱。在这个过程中你也将成为一名小小手艺人，亲手制作一个属于你自己的皮影。

在制作皮影时，需要用到一些材料，制作材料包括牛皮、驴皮、羊皮等皮革，也可用纸板等替代；工具包括剪刀、小刀、雕刻刀、锉刀、砂纸等；还需要颜料，如红、黄、白、黑等色的天然植物颜料。

皮影的制作步骤

1.绘制和雕刻	在皮革上绘制人物形象，然后进行雕刻
2.着色	使用天然颜料给皮影人物上色
3.组合	将头部、躯干、四肢组合
4.加工	进行打孔等加工，以便操控皮影

学生皮影制作

（二）创新

制品创作：我的皮影戏工作室

准备好展示你的创造力了吗？我们要用所学的知识去创作皮影戏主题作品！无论是画画、做手工还是写故事，我们一起来尝试各种形式，成为小小设计师吧！

在学习了皮影的制作和皮影戏的表演方法后，我们可以充分发挥想象力，创作属于自己的皮影戏主题作品。例如，我们可以试着用皮革、布料、纸板等不同材料制作皮影人偶，创建各具特色的皮影戏角色。我们也可以编导皮影戏小剧本，讲述一个精彩动人的故事。通过调动灯光投影、人偶动作、音乐配乐等元素，将故事活灵活现地呈现出来。如果喜欢绘画，我们还可以试着创作皮影戏的场景，用简单的线条勾勒出古代街市或宫殿，这可以丰富皮影戏的视觉效果。我们也可以添加现代元素，如制作航天飞机、机器人等新奇的皮影形象。

我们可以发挥无限创意，运用所学知识，将皮影戏艺术和其他学科元素结合，创作出令人眼前一亮的作品！

学生皮影戏创意作品

传播推广：皮影戏文化宣传小达人

现在，让我们向大家展示我们所学的皮影戏文化吧，成为非物质文化遗产小使者，和家人、朋友、同学一起分享这些美好的文化！

1.小小文化大师

学生宣传皮影戏文化

在学校的非物质文化遗产作品展示中，小詹、小蔡等同学分享了自己对皮影戏文化的理解，讲述了自己制作皮影的具体过程以及遇到的困难，他们都觉得皮影戏非常有趣，也鼓励同学们要保护和传承皮影戏文化。

2.小小活动策划

在非物质文化遗产宣传展示的班级活动中，同学们一起制作了许多精美的皮影人物，并在班级进行皮影戏的表演活动，让更多人了解到皮影戏独特的魅力，增强了对传统文化的认同感。

皮影戏展现场

（三）研学反思

自我反思：我们的皮影戏故事

太棒了，小伙伴们！在这段中国皮影戏之旅里，你们一定学到了很多。现在，让我们一起来看看同学们是如何回顾这段美好时光的吧！

赵同学告诉我们：皮影戏是国家级非物质文化遗产，他在研学活动中见识到了皮影制作的难度，听到了丰富又精彩的皮影戏故事，学会了如何表演皮影戏，还学会了如何画皮影。他所在的班级同学还向家长们进行了展示。

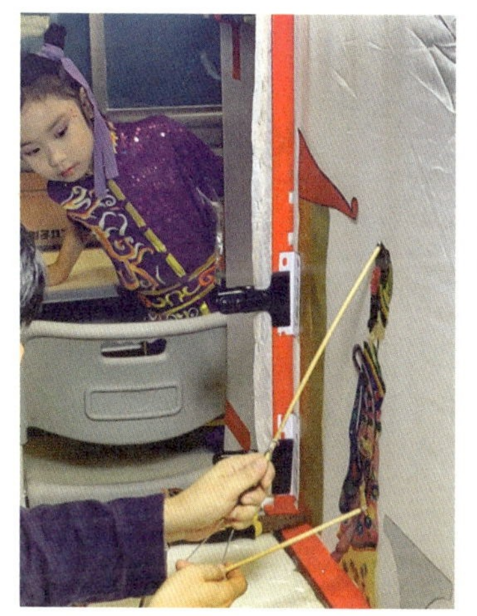

学生分享

三、总结思考

1.研学总结

在这次有趣的研学活动中，我们一起探索了中国皮影戏的神奇世界，更深入了解了中国皮影戏的历史、特点、表演过程和文化价值，收获真大！

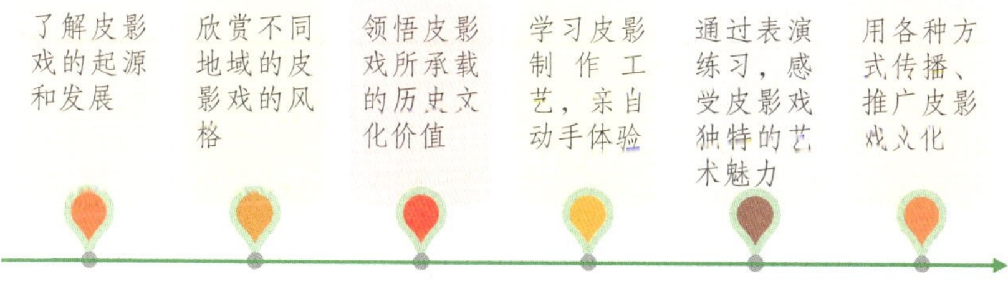

经历了整个研学过程，相信我们感受到了皮影戏这一传统艺术独特的魅力，也对中华民族文化瑰宝有了更加深刻的认识。让我们一起努力传承和发扬这一非物质文化遗产，让中华民族的经典文化延续下去，也让全世界感受到中华传统文化的魅力。

2.阅读思考

根据光学原理，简单说明皮影戏中灯光是如何投射人物影像的。
在清代，清政府为防聚众闹事，限制甚至禁止皮影戏演出，但久禁不绝；抗日战争时期，虽然遭遇战火，但皮影戏依旧时常在街头巷尾演出，宣传抗日故事。请同学们思考：相比于京剧、昆曲等大型舞台艺术，皮影戏因何优势能够延绵不绝？

第六节　昆曲文化

在这次活动中，你将有机会了解昆曲文化、亲自动手制作昆曲人物脸谱。这次活动能够激发你对中华传统文化的兴趣，培养你的创造力。

一、研学目标

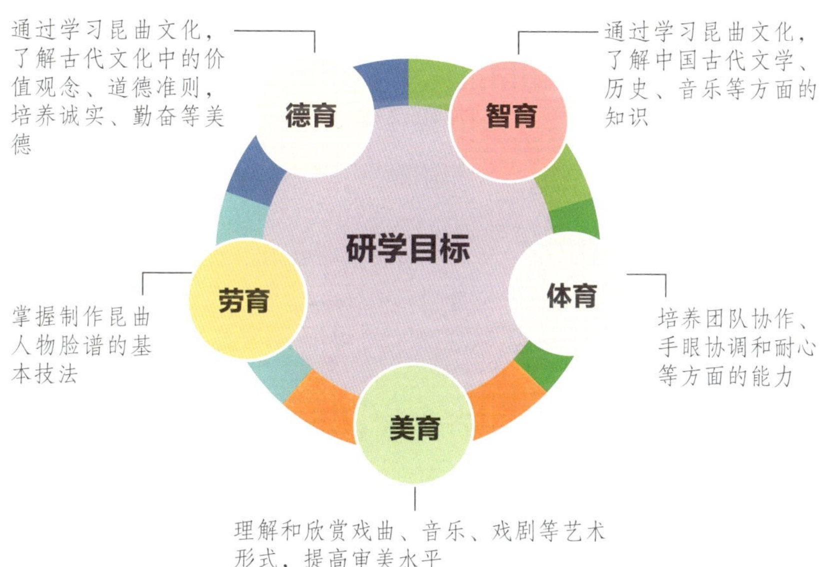

二、研学探究

（一）研学

情景感知：昆曲世界的奇妙之旅

嗨，小朋友们！让我们一起开始非物质文化遗产世界的奇妙之旅吧！那里有许多有趣的故事和传统！我们会学到很多关于昆曲的知识，它们反映了祖祖辈辈的智慧呢！

1.历史小侦查

在这个环节需要小朋友们了解昆曲的历史背景。

昆曲又称昆腔、昆山腔、昆剧，是元末明初南戏发展到昆山一带，与当地的音乐、歌舞、语言结合而成的一个新的剧种。明代初年在昆山地区形成了“昆山腔”。明嘉靖年间，魏良辅对昆曲进行了改革，让它更迎合当时人的审美。清初期，清政府鼓励昆曲等艺术形式发展，康熙帝在位时，昆曲的影响力进一步扩大。民国时期，昆曲几经起伏，最终走向世俗，开始融合发展。

昆曲的历史

昆曲起源于元朝时期，最早被称为“南曲”或“汉剧”。元朝时期，蒙古族统治者对汉族的文化艺术十分重视，他们将汉族文化艺术和蒙古族文化艺术相融合，从而诞生了昆曲。昆曲的诞生和发展，离不开元朝的政治和文化背景。元朝时期，文化融合和交流十分活跃，昆曲就是在这样的背景下得以产生和发展起来的。

学生昆曲历史调查样例

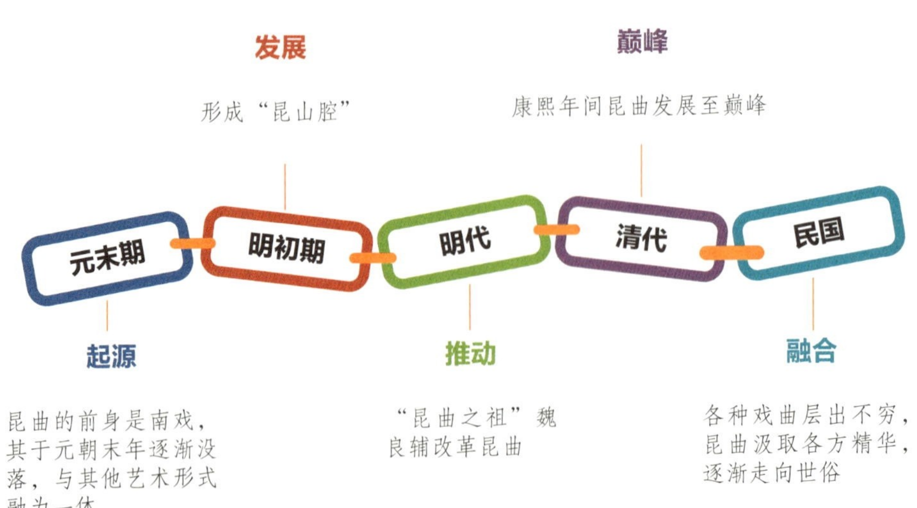

2.独特小发现

让我们用敏锐的观察力来发现昆曲的特点，并画出昆曲人物吧！

昆曲人物的特点：服饰华丽、妆容夸张、色彩鲜艳、姿态优美。

学生作品中的昆曲人物

内涵理解：发现昆曲的精彩

在遨游过昆曲历史的知识海洋后，我们将要跳进昆曲的奇妙世界，看看它背后的故事、珍贵的价值和有趣的寓意。让我们一起展开想象力的翅膀，感受非物质文化遗产的无限精彩吧！

1.文化守护者

想想昆曲为什么重要，我们为什么要保护它？

昆曲是我国戏曲史上最完整的表演体系之一，也是现代戏曲的源头之一，因而有资格成为中国文化的标志性符号而亮相于2008年北京奥运会开、闭幕式。

昆曲在2008年北京奥运会开幕式亮相

2.心灵小窗户

你对学习昆曲文化有什么感受和想法呢?

昆曲被称为“百戏之祖”，唱词唱腔、人物造型、表演方式，无不经过千锤百炼、精打细磨。昆曲唱词典雅唯美，是文学性与音乐性的极致结合。随着表演艺术的全面发展，昆曲脚色行当的分工越来越细，主要包括老生、小生、旦、贴、老旦、外、末、净、付、丑等。各行脚色在表演中形成一定的程序和技巧，对京剧及其他地方剧种的形成发展产生了重要影响。

林同学说：“我感受到了古人对戏曲文化研究的深度，昆曲体现了我国历史文化源远流长、博大精深！”

昆曲文化活动现场

特征探究：昆曲秘密的小侦探

让我们一起探究与昆曲艺术相关的手工艺品的制作特点，揭开它的神秘面纱。在这个过程中你也将成为一名小小手艺人，亲手制作一个属于你自己的昆曲文化制品。

昆曲人物泥塑

昆曲人物脸谱

昆曲人物脸谱的制作步骤

1.绘制脸谱	根据角色的面容特征，用铅笔在纸上绘制脸谱，可以参考照片
2.剪切	将绘制好的脸谱剪切下来
3.粘贴	将剪切好的脸谱用胶水粘贴在彩色纸上
4.标记	用马克笔在脸谱上标记各个部位的特征，如眼睛、鼻子、嘴巴等
5.完成	脸谱制作完成，可以放在家里作为装饰，也可以作为礼物送给朋友

（二）创新

制品创作：做个小小设计师

准备好展示你的创造力了吗？我们要用所学的知识去创作文化作品！无论是画画、做手工还是写故事，我们一起来尝试各种形式，成为小小设计师吧！

刘同学帮忙布置了班级的昆曲文化展厅，她认为最有特色的部分是昆曲人物立像，按照人的身高对昆曲人物进行了1∶1的还原，让大家能够直接体验扮演昆曲人物的乐趣。

昆曲文化活动

传播推广：分享昆曲之美

现在，让我们向大家展示我们所制作的昆曲相关制品吧，成为非物质文化遗产小使者，和家人、朋友、同学一起分享这些美好的文化！

1.小小文化大师

在学校的非物质文化遗产作品展示中，卢同学分享了自己有关昆曲艺术的作品，一个是“昆曲之美”手抄报，另一个是昆曲艺术木版画，两幅作品各有千秋。

学生体验

2.小小活动策划

在学校的非物质文化遗产作品展示中，同学们策划并举办了昆曲主题的走秀，以新颖活泼的方式吸引大家关注，展现了昆曲艺术之美！

学生昆曲人物走秀

（三）研学反思

自我反思：我们的昆曲故事

太棒了，小伙伴们！在这段昆曲之旅里，你们一定学到了很多。现在，让我们一起来看看同学们是如何回顾这段美好时光的吧！

学生作品

卢同学说："回顾我的昆曲文化之旅，发现自己的成果多多、体验棒棒！在老师的带领下，我制作了'昆曲之美'手抄报、昆曲艺术木版画，还参加了学校的昆曲广播体操表演和班级的昆曲主题走秀。"卢同学认为：昆曲无他，唯一美字，美于情真，美于意切，一字一句，道出了人生百态！

昆曲人物上装1：画眉

昆曲人物上装2：上口红

昆曲人物上装3：贴片子

昆曲人物上装4：穿绣花鞋

昆曲人物上装5：戴头饰

三、总结思考

1.研学总结

在这次有趣的研学活动中，我们一起探索了昆曲的神奇世界，更深入了解了昆曲的历史、特点、表演过程和文化价值，收获真大！

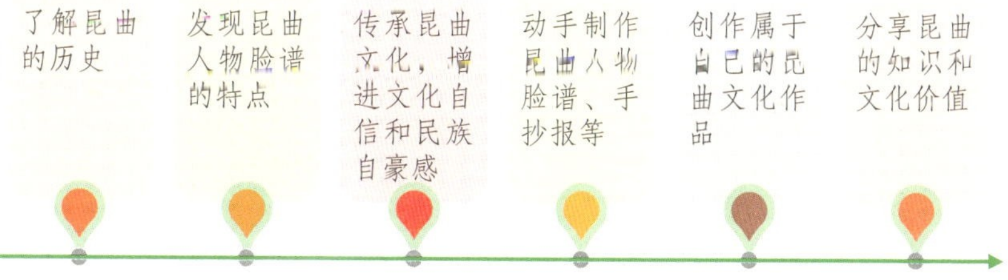

经历了整个研学过程，相信我们每个人都可以承担起传承非物质文化遗产的责任，让中华民族的经典文化延续下去，也让全世界感受到中华传统文化的魅力。

2.阅读思考

《琵琶记》号称昆曲的“曲祖”。明太祖朱元璋曾言：“五经四书，布帛菽粟也，家家皆有；高明《琵琶记》如山珍海错，富贵家不可无。”如果你是朱元璋的大臣，皇帝命令你去寻找唱腔正宗的《琵琶记》艺人，你会去哪里寻找呢？
（提示：昆曲的“昆”字有什么含义？）

第七节　川剧文化

在这次活动中，你将有机会了解川剧的历史与特点、亲自动手制作脸谱。这次活动能够激发你对中华传统文化的兴趣，培养你的动手实践能力。

一、研学目标

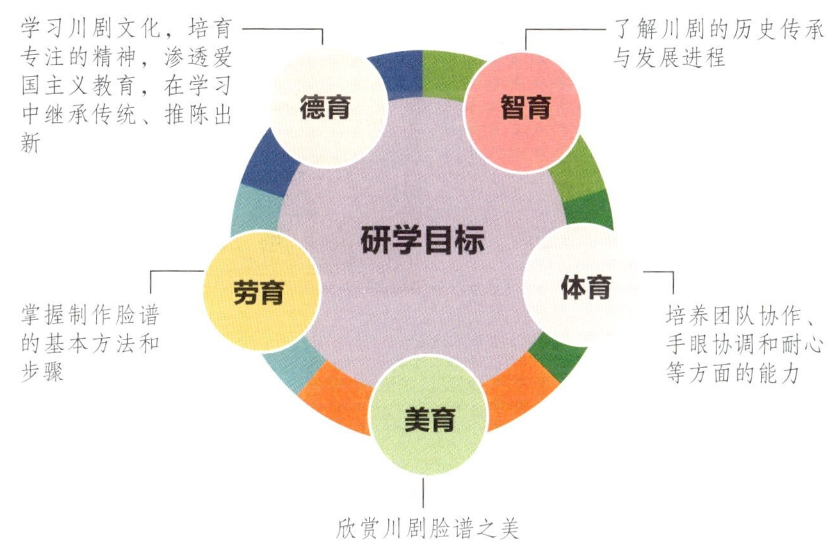

二、研学探究

（一）研学

情景感知：探秘川剧变脸世界

嗨，小朋友们！让我们一起开始非物质文化遗产世界的奇妙之旅吧！那里有许多有趣的故事和传统！在这个过程中我们将学习很多关于川剧的知识，体会世代相传的智慧！

1.历史小侦查

在这个环节我们将学习川剧的历史背景。

学生作品

川剧有很长的历史。在清乾隆、嘉庆年间，每至逢年过节，在四川乡镇、村落、码头处林立的庙堂都会搭起戏台以作庆典，久而久之，川剧就在街头巷尾之中渐成气候。在清代，蜀地文化增添了很多新元素，诸腔戏班汇集入巴蜀各地的酒肆街坊之中，生、旦、净、末、丑同亮相于茶馆的小戏台上，逐渐形成共同的风格。随着时间的推移，川剧逐渐发展壮大，成为中国戏曲文化的瑰宝之一。

清乾隆、嘉庆年间，四川的村落会搭起戏台进行表演，川剧的前身开始在四川各地萌发并形成

随着多种戏曲在四川交融与演变，川剧逐渐形成了独特的风格和技巧。

川剧及其独特的变脸技艺在中国戏曲文化中的地位逐渐上升，流传至全国乃至世界各地

2.独特小发现

让我们观察川剧的特点，将它们呈现出来，与朋友分享这些珍贵的发现吧！

川剧的特点：脸谱皆为全脸，一般“变脸”为半截脸，嘴巴露在外面。脸谱样式千姿百态、生动形象，与剧情紧密结合，具有观赏性和情绪性。川剧变脸的手法大体分为四种：“抹脸”“吹脸”“扯脸”和“运气变脸”。

学生作品

不同颜色的脸谱代表不同的意义。

红色：通常代表勇敢、坚毅、正直和忠诚。红色脸谱通常用于忠诚的英雄角色。

黑色：一般代表坚毅、刚强、正直、果断、狠毒和残暴。黑色脸谱通常用于正义的霸道人物或狠毒的反面角色。

白色：通常代表阴险、狡诈、奸诈、狡猾。白色脸谱通常用于阴险、奸诈的反派角色。

蓝色：一般代表暴躁、粗暴、刚烈、强悍、豪放等。蓝色脸谱通常用于豪放派的角色。

黄色：代表狡黠、多疑、狡诈、机灵、狡猾。黄色脸谱通常用于机智或狡诈的角色。

绿色：通常代表蛮横、暴力、凶残、粗鲁。绿色脸谱通常用于粗野、凶恶的反面角色。

蓝色脸谱、红色脸谱和黄色脸谱

内涵理解：发现川剧的精彩

在遨游过川剧历史和特点的知识海洋后，我们将要跳进川剧的奇妙世界，看看它背后的故事、珍贵的价值和有趣的寓意。让我们一起展开想象力的翅膀，感受非物质文化遗产的无限精彩吧！

1.文化守护者

想想川剧为什么重要，我们为什么要保护它？它有什么意义和价值呢？

川剧是国家非物质文化遗产，是一代代传承下来的，历史悠久，十分珍贵。川剧作为汉族艺术的代表之一，是中国文化长河中的重要组成部分。它不仅是四川地区文化的重要继承者，也是中国传统戏曲的代表。

川剧所表达的大量题材，展现了中国古代的历史与文化。这些故事不仅是一段段充满戏剧性的故事，也是一段段历史记忆。保护川剧就是在保护历史。让川剧传承下去，是每个人应有的责任。

学生体验

2.心灵小窗户

完成了川剧的学习，你有什么感受和想法呢？让我们分享彼此的心得体会吧！

川剧是传统戏曲剧种之一，流行于四川东中部、重庆及贵州、云南部分地区。川剧变脸是川剧表演的特技之一，用于揭示剧中人物的内心及思想感情的变化，即把不可见的情绪展现为可见、可感的具体形象——脸谱。

川剧变脸表演

苏同学说：“川剧让我感受到它通俗易懂又不失娴雅之风格，剧情跌宕起伏又不落俗套。变脸动作干净利落，极具特色。川剧让我领悟了川剧演员要想将变脸变得不露破绽，必须经过长时间练习，付出许多的汗水与努力，才能浇灌成功之花。这也正应了一句俗语：‘台上一分钟，台下十年功。’”

特征探究：脸谱秘密的小侦探

让我们一起探究脸谱的制作特点，揭开它的神秘面纱。在这个过程中你也将成为一名小小手艺人，亲手绘制一个属于你自己的脸谱。

在绘制脸谱时，需要用到一些工具，如空白脸谱、颜料、笔刷和调色盘等。按照图纸，用颜料在空白脸谱上涂上颜色。

绘制脸谱所需工具

绘制脸谱的一般步骤

1.确定位置	在准备好的空白脸谱上定出眉、眼、口、鼻的位置
2.勾画图案	用铅笔勾画脸谱图案，勾画谱式时注意左右对称（“歪脸”除外）
3.涂色	先从白色入手，将所有空白涂满；再涂彩色，要由浅入深地按顺序涂；最后着墨色

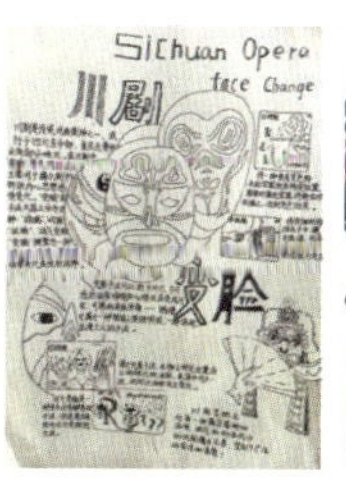

学生手抄报

（二）创新

制品创作：做个小小设计师

准备好展示你的创造力了吗？我们要用所学的知识去创作文化作品！无论是画画、做手工还是写故事，我们一起来尝试各种形式，成为小小设计师吧！

李同学为了制作脸谱作品，使用了空白脸谱、刷子和小毛笔等工具。他先用铅笔在脸谱上勾勒出轮廓，再用笔将不同的地方上色。他表示：做任何事必须先画好“轮廓”，才不会无目的地乱做；同时也要细心，就像画脸谱一样，稍有不慎，就有可能将一种颜色涂到另一个地方导致失败。

在创作过程中，最令李同学难忘的是在绘制空间狭小的地方时，他用刷子涂色，但不管怎么涂，颜色都非常不均匀。这时，他看到了桌子上的小毛笔，用水润了一下笔头，沾上颜料，便成功地涂匀了颜色。他表示：在遇到困难时不能放弃，要动脑想办法，也要拥有一颗坚持不懈、不服输的心，只要坚持，就定会成功。

学生体验

传播推广：分享脸谱之美

现在，让我们向大家展示我们所学的川剧文化吧，成为非物质文化遗产小使者，和家人、朋友、同学一起分享这些珍贵的文化！

1.小小文化大师

蒋同学分享道："在学习川剧文化的过程中，我感受到了涂脸谱的乐趣，也体会到了非物质文化遗产的魅力。"

学生脸谱作品

2.小小活动策划

在华南师大附小的家长开放日活动中，老师和同学们一起制作了许多的脸谱作品，并向更多的人宣传和介绍了川剧文化。

川剧活动现场

（三）研学反思

自我反思：我们的川剧故事

太棒了，小伙伴们！在这段川剧脸之旅里，你们一定学到了很多。现在，让我们一起来看看同学们是如何回顾这段美好时光的吧！

骆同学说："通过这次活动，我对川剧的兴趣大大提高了。在查找资料的过程中，我了解了很多关于川剧、川剧变脸和川剧脸谱的知识。我对这次活动印象最深的就是关于川剧变脸脸谱的多样性的分享。我认为，这次活动不仅让家长们看到了我们多彩的校园生活，还传播了非物质

活动现场

文化遗产的知识。”

三、总结思考

1.研学总结

在这个有趣的研学活动中，我们一起探索了川剧的神奇世界，更深入地了解了川剧的历史、特点以及文化价值。

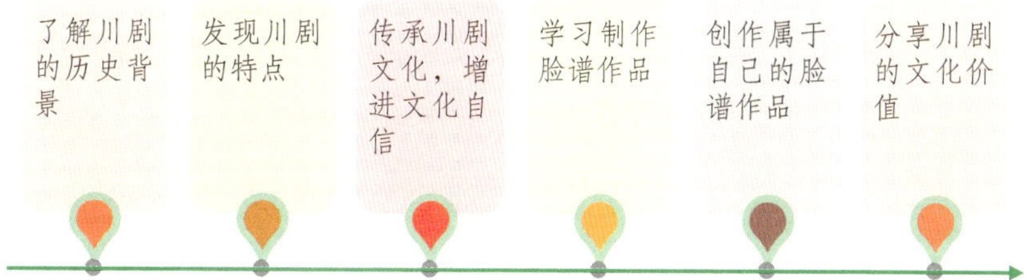

经历了整个川剧的研学过程，相信我们每个人都可以承担起传承非物质文化遗产的责任，让中华民族的经典文化延续下去，也让全世界感受到川剧的魅力。

2.阅读思考

1961年，周恩来总理在一次讲话中说：“我看到四川一个材料。文化部一位副部长到四川说：川剧落后。得罪了四川人。当时一位同志回答：落后不落后要由四川七千万人去回答、去决定。我看这位同志很勇敢，回答得好！人民喜闻乐见，你不喜欢，你算老几？”

从这段对话中我们可以看出：周总理对川剧是什么态度？他认为川剧是为谁而传承？

第八节　南国粤剧

在这次活动中，你将有机会了解粤剧文化、学习唱粤剧、与同伴一起准备节目、制作与粤剧有关的手工艺品。我们相信通过这次的活动，你一定能深刻感受到中华传统文化的魅力，提高创造力。

一、研学目标

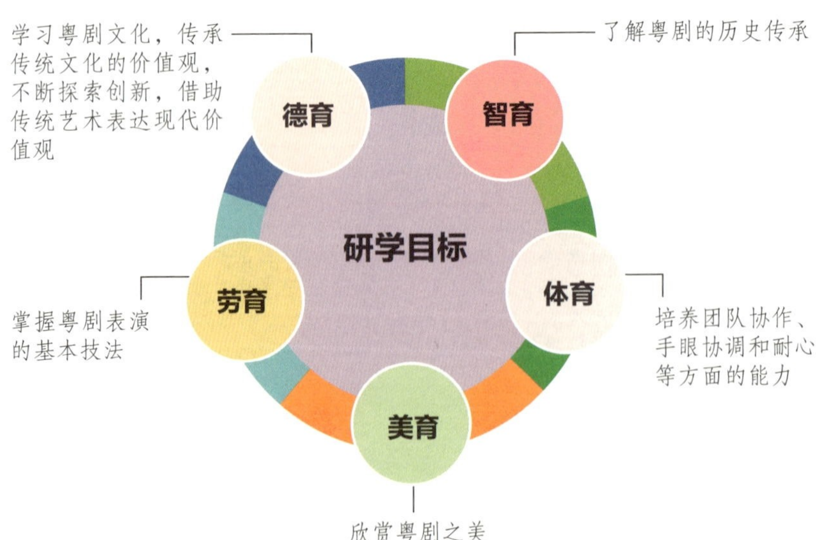

二、研学探究

（一）研学

情景感知：南国粤剧的奇妙之旅

嗨，小朋友们！让我们一起开始粤剧的奇妙之旅吧！那里有许多有趣的故事和传统！我们将会在这次旅途中学到很多关于粤剧的知识，它们反映了祖祖辈辈的智慧呢！

1.历史小侦查

在旅途的开始，让我们一起来了解一下粤剧的历史背景吧！

粤剧，又称广东大戏或者大戏，是广东传统戏曲之一，源自南戏，流行于岭南地区等粤人聚居地。粤剧自明嘉靖年间开始在广东、广西出现，是糅合了唱念做打、乐师配乐、戏台服饰、抽象形体的表演艺术。

粤剧剧照

2006年5月20日，粤剧被列入第一批国家级非物质文化遗产名录。2009年，粤剧被列入联合国教科文组织人类非物质文化遗产代表作名录。

粤剧的传统剧目早期主要有《一捧雪》《二度梅》《三官堂》《四进士》《五登科》等所谓“江湖十八本”，后又出现《黄花山》《西河会》《双结缘》《雪重冤》等“新江湖十八本”和《苏武牧羊》《黛玉葬花》等“大排场十八本”。其他代表性剧目还有《白金龙》《火烧阿房宫》《平贵别窑》《宝莲灯》《罗成写书》《凤仪亭》等。

粤剧流行于广东、广西的粤语地区以及台湾和港澳地区。在新加坡、马来西亚、越南、缅甸、柬埔寨、菲律宾、印度尼西亚、澳大利亚、美国、加拿大、墨西哥、古巴以及中南美洲等有广东华侨聚居的国家和地区，都有粤剧的演出。

2.独特小发现

让我们用敏锐的观察力来发现粤剧的特点以及文戏、武戏的区别吧。

粤剧的特点：粤剧独具特色，以独特的粤语唱腔、多元的表演形式、不同的角色类型、传统与现代题材结合，反映了广东文化与社会特点，以传承和创新的能力而著称，是中国戏曲文化宝贵的一部分。

粤剧剧照

文戏是粤剧中的一种主要表演类型，以情感表达和对白为重点。在文戏中，演员需要通过唱腔、念白和情感表演来传达角色的内心感情以及情感变化。文戏中的剧情通常涉及家庭纠纷、爱情故事、宫廷争斗等主题。演员的表演技巧、声乐技巧和情感表达能力在文戏中至关重要。

武戏是粤剧中的另一种主要类型，强调动作、战斗和武术技巧。在武戏中，演员需要展示各种武术动作和特技，如刀枪剑戟、拳脚功夫等。这些动作需要高度的协调性和技巧，同时也需要演员表现出角色的英勇和战斗精神。武戏通常涉及历史战斗场景、武侠故事和英雄传说。

粤剧文戏

粤剧武戏

内涵理解：发现粤剧的精彩

在遨游过粤剧历史的知识海洋后，我们将要跳进粤剧文化的美妙世界，看看它背后的故事、珍贵的价值和有趣的寓意。让我们一起展开想象力的翅膀，感受非物质文化遗产的无限精彩吧！

1.文化守护者

学生体验

粤剧文化为什么重要，我们为什么要保护它呢？

粤剧文化是中国戏曲传统文化的重要组成部分。粤剧反映了广东地区的历史、风土人情和社会现实，通过剧目中的情节和角色，我们能够了解这一地区的文化特点和发展历程，这有助于传承和弘扬丰富多彩的传统文化，维护国家的文化多样性，对于文化、历史研究更是具有重要价值。

学生体验

粤剧是一种独特的艺术表达方式，通过音乐、表演和戏剧元素传达情感、价值观和故事，为观众提供文化娱乐与思考。此外，粤剧产业在经济上也发挥了重要作用，促进了旅游产业、表演艺术产业、文化创意产业发展，创造了就业机会。

学生体验

保护和传承粤剧文化有助于维护文化遗产、推动文化多样性、弘扬传统价值观、促进文化产业发展，并提高文化认同感和文化自信，对社会与文化的繁荣发展具有积极影响。

2.心灵小窗户

你对学习粤剧文化有什么感受和想法呢？

作为中国的传统戏曲剧种，粤剧具有悠久的历史和广泛的传承。

李同学说："粤剧一路走来，经历过不少挫折，但仍能挺过来。它是岭南文化的一种象征，在长期的发展过程中，经过融汇、吸纳、创新，以其

粤剧剧照

深厚的历史基础与文化基础构成文化优势。粤剧在许多老人的心中有特殊的地位，粤剧还有历史与文化的研究价值和极高的观赏性，能够陶冶人们的情操，所以我们应该好好保护粤剧。”

粤剧剧照

特征探究：粤剧秘密的小侦探

让我们共同揭开粤剧的神秘面纱，深入了解粤剧中的角色类型的特点，以及粤剧脸谱的常用颜色及其意义。在探究中，你将能更好地理解这种古老戏曲的精髓，并有机会扮演其中一个角色，展示你的演技。

粤剧原有末、生、旦、净、丑、外、小、夫、贴、杂十大行当，后精简为文武生、小生、正印花旦、二帮花旦、丑生、武生六类。粤剧表演带有质朴粗犷的特色，有单脚、滑索、运眼、小跳、拗腰等绝技。其武打以南派武功为基础，靶子、手桥、少林拳及高难度的椅子功和高台功都十分出色。粤剧化装简练，色彩浓艳，服装多采用广绣，精美华丽，富有浓郁的地方特色。

在粤剧传承人吴非凡组织的粤剧节上学生的精彩表演

在粤剧传承人吴非凡组织的粤剧节上学生的精彩表演

脸谱颜色的意义

颜色	意义
红面脸谱	红面脸谱，是以红色为主色彩勾画的脸谱，被称为“红面”，表示角色正义、忠心耿耿
金面脸谱	金面脸谱，统称“金面”，是以金色油彩为主色调勾画的脸谱，表示角色威严勇猛
白面脸谱	白面脸谱，是以白色为主色彩的脸谱，统称“白面”，通常代表着多疑、善诈的奸臣
黑面脸谱	黑面脸谱，是以黑色油彩为主的脸谱，统称“黑面”，黑色象征粗猛、性格暴躁以及豪放的角色性格，多是性格刚烈、忠猛威武的武将

续表

颜色	意义
五色面脸谱	五色面脸谱，是以五种或五种以上的颜色画成的脸谱，传统粤剧称之为“五色面”，主要是戏中鬼怪、妖魔或天上星宿、神仙下凡转世等角色
象形面脸谱	象形面脸谱，主要是表现戏中的动物、妖怪，或是动物变成人的角色所勾画的脸谱
阴阳面脸谱	阴阳面脸谱，表现形式是在面部两边形成两种截然不同的颜色和图案。阴阳面脸谱较为特殊，也较为少见，它是由于剧情内容及戏中角色形象的需要，通过开面表现角色的特点的特殊脸谱

（二）创新

制品创作：做个小小设计师

准备好展示你的创造力了吗？下面让我们化身为小小设计师，尝试运用所学的知识来创作属于自己的文化作品吧！

苏同学用瓦楞纸、报纸、胶带、水粉、面巾纸、水彩笔等工具制作了一个粤剧脸谱作品。苏同学的作品不仅展示了她对粤剧脸谱艺术的热爱，还向观众传达了对粤剧文化的深刻理解。这样的创意作品有助于传承和弘扬粤剧这种宝贵的文化遗产。

陈同学制作的是一个充满艺术感和创造力的粤剧脸谱面具。她的脸谱呈现了一个典型的旦角，配色选择非常独特，以黑色、蓝色和绿色为主，这些颜色在粤剧脸谱中通常代表着坚强、正直和希望。这种配色不仅展现了粤剧角色的性格特点，还为画面增添了深度和情感，反映了陈同学对于角色塑造的巧妙把握，整体画面的和谐感让人感到愉悦。她的制作步骤一共四步：

准备好纸板、颜料、刷子、海绵、胶带等工具

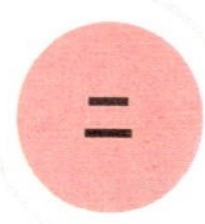

使用颜料和刷子绘制角色的基本轮廓

为纸板着色

根据角色需求，添加一些细节，如花纹、装饰和阴影

学生粤剧人物创意作品

传播推广：分享粤剧之美

现在，让我们向大家展示我们所学的粤剧文化吧，成为非物质文化遗产小使者，和家人、朋友、同学一起分享这些美好的文化！

1.小小文化大师

学生表演展示

在学校的非物质文化遗产作品展示中，苏同学向大家展示了她的粤剧表演。为了这场粤剧表演，她辛勤练习了半个月，每天吊嗓子、背诵不熟悉的白话曲词和各种复杂的动作。她的坚持和努力最终得到了回报，为大家呈现了一场出色的粤剧表演，曲调悠长、动作轻快优美，给人耳目一新的感觉。

苏同学的表演不仅展示了她对粤剧的热爱和敬业精神，还向观众传达了粤剧文化的独特之处。她的作品不仅是一场表演，更是对文化传承的有力支持，有助于将粤剧这一宝贵的非物质文化遗产传递给下一代。

2.小小活动策划

在华南师大附小的家长开放日活动中，老师和同学们一起制作了许多精美的粤剧脸谱作品，并通过巨幅展板向更多的人宣传和介绍中国传统的粤剧艺术，尽最大的努力将这种传统文化发扬光大。

体验活动现场

（三）研学反思

自我反思：我们的粤剧故事

太棒了，小伙伴们！在这段南国粤剧之旅里，你们一定学到了很多。现在，让我们一起来看看同学们是如何回顾这段美好时光的吧！

学生体验

房同学说："粤剧真是南国的一颗红豆，在粤剧的历史中，红线女最为出名，但她的出名并不容易，有句话说：'台上一分钟，台下十年功。'红线女正是在平时训练的时候付出了比旁人多的汗水和辛苦，才能在台上展现完美的一面。身为一名广东人，我认为大家一定要将这门艺术传承下去，让这颗中国戏曲史上的明珠继续发扬光大，让更多人认识它。"

杨同学说："粤剧艺术呈现了无数优秀唱段，孕育了无数名家大师，体现了广府文化特色，流淌着广府文化的历史血脉，是岭南文化宝库中的一颗璀璨明珠。作为学生，我们可以积极参与粤剧学习和演出，观赏粤剧表演，传承这种宝贵文化。同时，通过宣传与分享，让更多同学了解和欣赏粤剧，为其传承注入新的活力。"

三、总结思考

1.研学总结

在这个有趣的研学活动中，我们一起探索了粤剧的神奇世界，更深入地了解了粤剧的历史、特点、脸谱颜色以及文化价值。

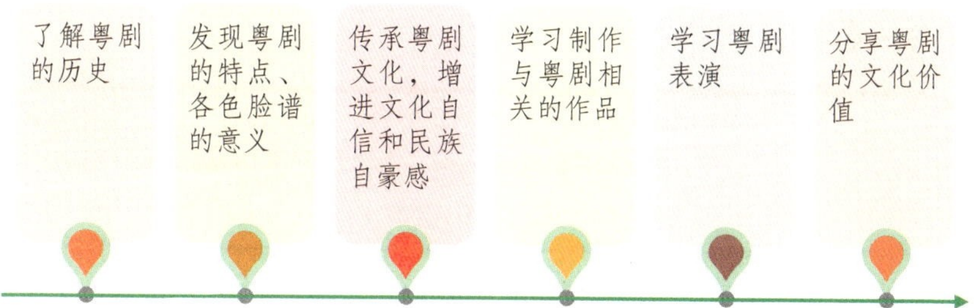

经历了整个粤剧的学习之旅，相信每位同学都能够肩负起传承这种非物质文化遗产的重任。我们不仅要将粤剧的技艺传承下去，还要让这一传统艺术在现代继续焕发生机。这种传承不仅有助于保护和延续中国戏曲的经典文化，也有助于将中国的传统文化价值观传递给世界各地的人们，使他们感受到中华传统文化的独特魅力。

2.阅读思考

粤剧如何反映广东地区的历史、风土人情和社会变迁？
南国粤剧作为文化产业如何推动地方经济和就业？它在社会娱乐中的作用是什么？

第九节 吟诵、书法

在这次活动中，你将有机会了解吟诵和书法文化、学习书法。这次活动能够激发你对中华传统文化的兴趣，培养你的创造力。

一、研学目标

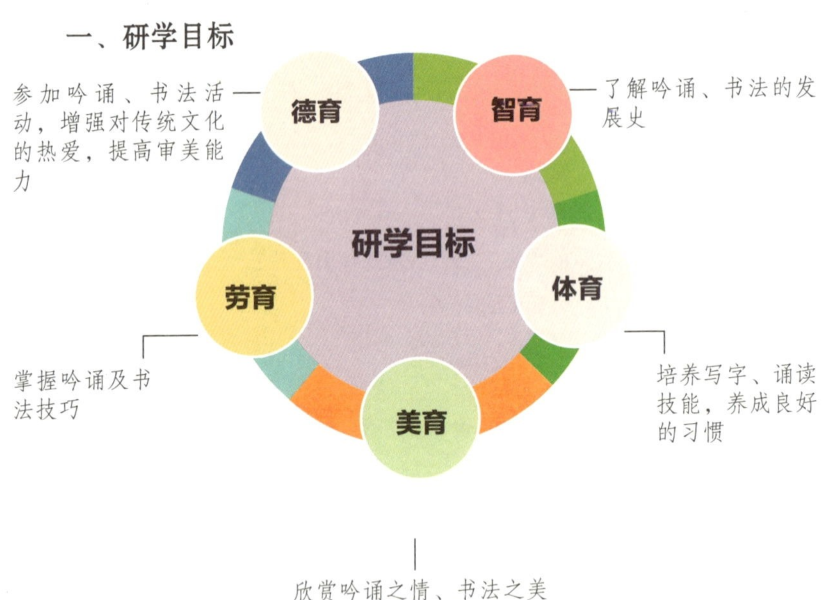

二、研学探究

（一）研学

情景感知：吟诵、书法世界的奇妙之旅

嗨，小朋友们！接下来，我们将开启非物质文化遗产世界的奇妙之旅！那里有许多有趣的故事和传统！我们会学到很多关于吟诵、书法的知识，它们反映了祖祖辈辈的智慧呢！

1.历史小侦查

在这个环节小朋友们将要学习吟诵和书法的历史背景。

吟诵，是汉文化圈中的人们对汉语诗文的传统诵读方式，也是中国人学习文化时高效的教育和学习方法，有两千年以上的历史。

学生吟诵分享

书法起源于汉字的产生阶段，从甲骨文、金文（钟鼎文）演变为大篆、小篆、隶书，至草书、楷书、行书等。书法是我国优秀的非物质文化遗产代表，在国际上享有很高的声誉。

华南师大附小书法课

2.独特小发现

让我们用敏锐的观察力来发现吟诵及书法的特征吧。

吟诵，是中华文化中古老而优良的传统。自从有了“书”，就有了“读书”。读书的方法有歌、唱、吟、咏、诵、念、哦、叹、呻、讽、背等，统称为“读”，“吟咏”指有旋律的读法，“读诵”指没有旋律的读法，合称“吟诵”。

教师指导吟诵方法

吟诵不仅是古诗文形式的活态，吟诵的声音还是我们体会古诗文韵味的载体，吟诵的读法也是我们理解古诗文言外之意的途径。

中国汉字是劳动人民创造的，开始以图画记事，经过几千年的发展，演变成了当今的文字。书法艺术以汉字为载体，植根于中华传统文化土壤，传统文化是书法赖以生存、发展的背景。

中国汉字起源课堂

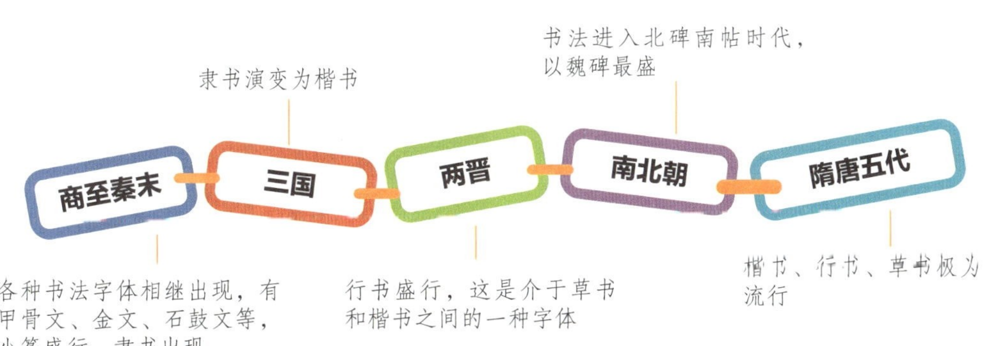

书法崇尚复古，宗法晋、唐而少创新

在篆书、隶书、魏碑方面成就高，开创碑学

尚意之风是宋代书法鲜明的时代特征，重哲理性、书卷气、风格化

“台阁体”、小楷盛行，追求大尺幅、震撼的视觉效果

近代书法多元化，书法艺术升华至观念变革的高层次

内涵理解：发现吟诵和书法的精彩

在遨游过吟诵和书法的知识海洋后，我们将要跳进吟诵和书法的奇妙世界，看看它们背后的故事、珍贵的价值和有趣的寓意。让我们一起展开想象力的翅膀，感受非物质文化遗产的无限精彩吧！

1.文化守护者

想想吟诵和书法为什么重要，我们为什么要保护它们？

学生吟诵分享

吟诵对于传承和发展中华优秀传统文化具有重大的意义。学习任何文化都有与

之相配的方法，就像用学拳击的方法学不会太极拳一样，学习中华经典，也应该使用其固有的方法，就是吟诵。

中国书法是中国古代的一种集美感、趣味、礼仪和思想为一体的艺术形式，它融汇了汉字的表达性和古典气质，强调笔画的精美，形式多样，是中国文化的重要组成部分。

华南师大附小书法课

国学可以用吟诵的方式来展示，汉字可以用书法的形式来表现。传承吟诵和书法可以增强我们的文化自信，帮助我们更好地认识和了解自己的文化。

2.心灵小窗户

你对学习吟诵和书法文化有什么感受和想法呢？

谢同学与我们分享了他书写的硬笔书法作品。他一笔一画、工工整整地书写，在这个过程中，他的写字技能得到了锻炼和提升。

书法展现场

特征探究：吟诵、书法秘密的小侦探

让我们一起探究古诗文吟诵和书法的特征，揭开它们的神秘面纱。在这个过程中，我们将学会观察、分析和比较，尝试书写自己的书法作品。

在体验书法之前，我们首先要准备一些工具，包括毛笔、纸张和墨水。

书法书写工具

书法笔画书写的基本步骤

1.逆锋起笔	在笔画的起始处，笔锋从与行笔相反的方向轻轻落下，然后折锋下按
2.中锋行笔	在运笔的过程中，笔毫聚拢，笔锋通常在笔画的中间运行
3.回锋收笔	毛笔行至笔画末端时，轻提，接着向下按笔，轻顿，然后回锋收笔

古诗文吟诵方法

1.依字行腔	吟诵时要读准字音，每个字的声音走向要与声调方向相符
2.依意行腔	吟诵时每个字、每句话的高低长短，要按照文意来安排
3.入短韵长	入声字要读短，韵字要拖长
4.文读语音	用普通话吟诵
5.腔音唱法	吟诵时使用唱法

（二）创新

制品创作：做个小小设计师

准备好展示你的创造力了吗？我们将要发挥所学的知识去创作自己的文化作品啦！无论是画画、做手工还是写故事，我们一起来尝试各种形式，成为小小设计师吧！

同学们说："从入学的第一天起，我们就在老师的带领下认真学习非物质文化遗产的技艺。坚持朗诵，不仅能正音识字，也让我们对古诗词深深着迷；坚持写书法，能培养我们凝神静气、心无杂念的学习习惯。"

开笔礼写"人"字

传播推广：分享吟诵、书法之美

现在，让我们向大家展示我们所学的吟诵和书法文化吧，成为非物质文化遗产小使者，和家人、朋友、同学一起分享这些美好的文化！

1.小小文化大师

吴同学身着汉服，在班级里朗诵古文、写书法，这不仅锻炼了他的朗读和书写能力，也悄无声息地在同学们心里播下了热爱中华优秀传统文化的种子。

吟诵、书法分享

2.小小活动策划

在华南师大附小的家长开放日活动中，老师和同学们一起书写了许多精美的书法作品，并通过巨幅展板向更多的人宣传和介绍中国传统的书法艺术，尽最大的努力将这一传统文化发扬光大。

书法展现场

（三）研学反思

自我反思：我们的吟诵、书法故事

太棒了，小伙伴们！在这段吟诵、书法之旅里，你们一定学到了很多。现在，让我们一起来看看同学们是如何回顾这段美好时光的吧！

杨同学说：“在研学活动中，我接触了多种书法，有硬笔书法、毛笔书法等。我用铅笔写了《静夜思》《春晓》《悯农》的硬笔书法作品。在这个过程中，我一笔一画、工整地书写，感受到了文化带来的心灵宁静。”

三、总结思考

1.研学总结

在这个有趣的研学活动中，我们一起探索了吟诵、书法的神奇世界，更深入地了解了吟诵和书法的历史、特点、技巧以及文化价值。

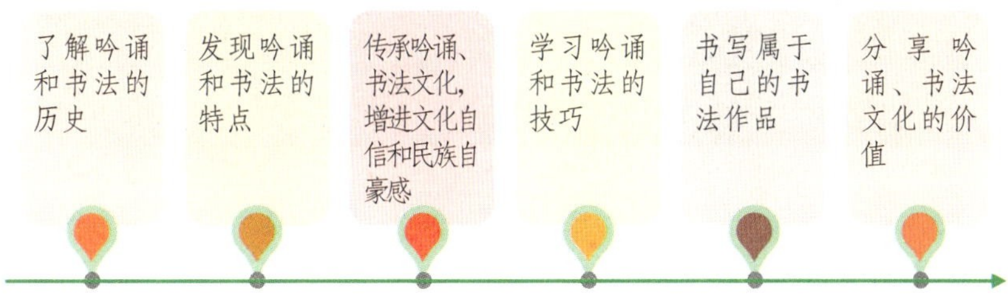

经历了整个研学过程，我们在亲身体验中了解、学习了吟诵和书法文化，用心体会了每项文化技艺的独特魅力。我们开阔了眼界，增长了知识，提升了自己的文化修养。愿非物质文化遗产在我们心中植根。

2.阅读思考

吟诵和朗读有什么区别呢？
下图是唐代书法大家颜真卿的作品《祭侄文稿》，请大家思考：如此“潦草”的作品能否称为书法？查找颜真卿写《祭侄文稿》的时代背景资料，说明为何颜真卿写这篇文章时会反复涂抹、匆忙完成，从书法作品中能否窥探作者的内心世界？ 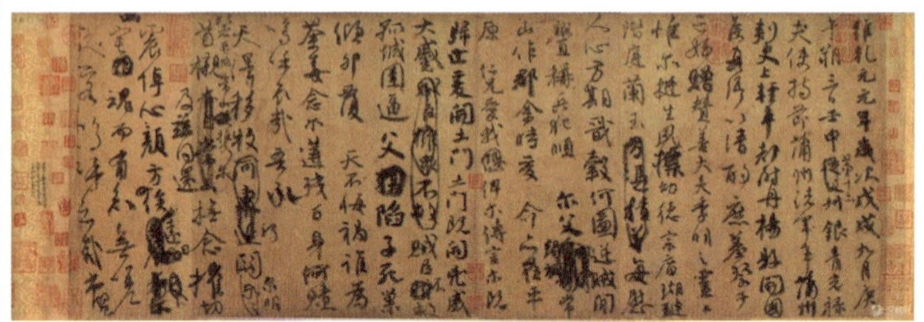

第二章
传统美术与技艺

第一节　中国剪纸

在这次活动中，你将有机会了解剪纸艺术、亲自动手制作剪纸作品。这次活动能够激发你对中华传统文化的兴趣，培养你的创造力。

一、研学目标

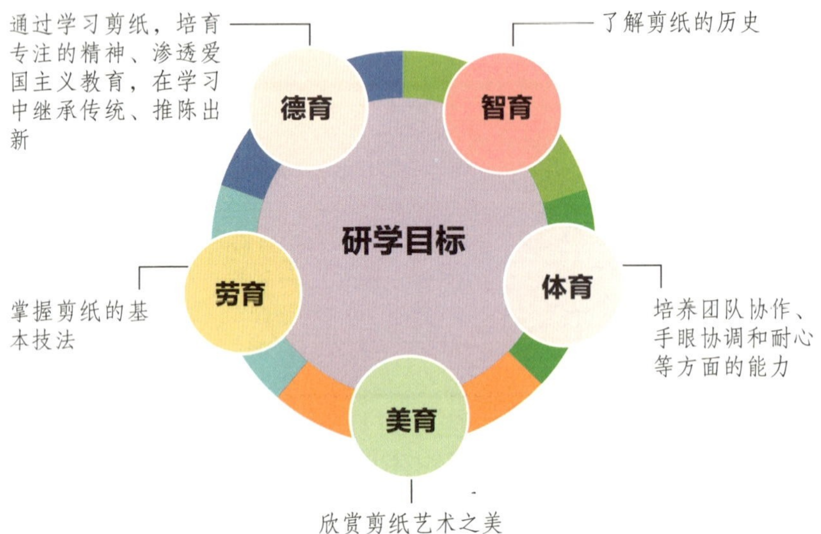

二、研学探究

（一）研学

情景感知：探秘剪纸艺术世界

嗨，小朋友们！让我们一起开始非物质文化遗产世界的奇妙之旅吧！那里有许多有趣的故事和传统！我们会学到很多关于中国剪纸的知识，它们反映了祖祖辈辈的智慧呢！

1.历史小侦查

在这个环节需要小朋友们了解剪纸艺术的历史背景。

中国的剪纸艺术有很长的历史。很早以前，人们就开始把薄片材料雕刻和镂空，做成漂亮的工艺品。这种手工艺一直传承至今，成为中国非物质文化遗产。剪纸真正起源于汉代，随着朝代更替和技术进步，到了明清时期，剪纸艺术达到了巅峰。

传统剪纸样例

2.独特小发现

让我们用敏锐的观察力来发现中国剪纸的特点以及南、北剪纸的异同吧。

传统剪纸样例

中国剪纸的特点：其材料易得、成本低廉、效果立见、适应面广、样式千姿百态，因剪纸形象普遍、生动而受欢迎。

北方剪纸的风格浑厚、粗犷、天真、质朴，民俗气息浓郁，率性简洁，代表产地是山西、陕西和山东。

南方剪纸的风格灵秀、秀美、严谨、纤细，以画为稿，线条圆滑，图案清秀而挺拔，给人以完整之感。

北方剪纸

南方剪纸

内涵理解：发现剪纸的精彩

在遨游过剪纸历史的知识海洋后，我们将要跳进中国剪纸的奇妙世界，看看它背后的故事、珍贵的价值和有趣的寓意。让我们一起展开想象力的翅膀，感受非物质文化遗产的无限精彩吧！

1.文化守护者

想想剪纸为什么重要，我们为什么要保护它？

剪纸不仅是美丽的艺术作品，还深深地蕴藏着中国丰富的历史文化。剪纸是中国非物质文化遗产的一部分，代表了我们民族的智慧和创造力。

通过剪纸，我们可以了解中国的传统节庆、吉祥寓意以及丰富的民间故事。

学生体验

中国剪纸这种非物质文化遗产，带给了我们深深的文化自信和民族自豪感，剪纸技艺值得我们世代相传，它能让我们更了解中国的文化。希望这一传统艺术可以在现代社会中继续传承下去。

2.心灵小窗户

你对学习中国剪纸文化有什么感受和想法呢？

剪纸在中国是历史悠久、流传很广的一种民间艺术形式。剪纸，顾名思义就是用剪刀将纸剪成各种各样的图案，用作窗花、门笺、墙花、顶棚花、灯花等。

学生作品

李同学说：“剪纸使我们的生活充满了艺术气息，这就是‘艺术来自生活、生活就是艺术’的最好诠释吧。我觉得我们的民间艺人都是真正的艺术家，一张纸在他们的巧手下，能变成各种各样、栩栩如生的美妙图案。”

特征探究：剪纸秘密的小侦探

让我们一起探究剪纸的制作特点，揭开它的神秘面纱。在这个过程中你也将成为一名小小手艺人，亲手制作一个属于你自己的剪纸作品。

在剪纸时，需要用到一些工具（如剪刀、刻刀）和纸张。不同的工具和纸张可以创造出不同的效果。用剪刀或刻刀在纸上创造各种有趣的图案，可以是花朵、动物、人物甚至建筑物。

学生体验

中国剪纸的制作步骤

1.选择图案和设计	选择你想制作的剪纸图案。如果你是初学者，可以从简单的图案开始
2.绘制图案	将选定的图案放在纸张上，用铅笔轻轻勾勒出图案的轮廓
3.剪纸	使用剪刀按照轮廓小心地剪纸。注意保持手的稳定，以确保切割的线条平滑
4.雕刻细节	使用刻刀细心地雕刻图案的细节部分，这可以增加剪纸的层次感和艺术性。小心操作刻刀，以免误伤手指
5.多层剪纸（可选）	如果你想要创建多层次的剪纸作品，可以重复上述步骤，制作不同的剪纸图案，然后将它们叠在一起
6.检查和修复	检查剪纸作品是否有瑕疵或未完成的部分，并进行修复。可以使用胶水将不同部分粘合在一起
7.润色（可选）	如果你希望增加剪纸的视觉效果，可以使用彩色铅笔或水彩颜料对剪纸作品进行润色
8.展示和保护	完成剪纸作品后，你可以将其放在画框中展示，或者用透明胶纸覆盖以保护作品

学生体验

（二）创新

制品创作：做个小小设计师

准备好展示你的创造力了吗？我们要用所学的知识去创作我们的文化作品！无论是画画、做手工还是写故事，我们一起来尝试各种形式，成为小小设计师吧！

关同学用剪纸制作出了这个创意作品——华南师大附小校园美景。

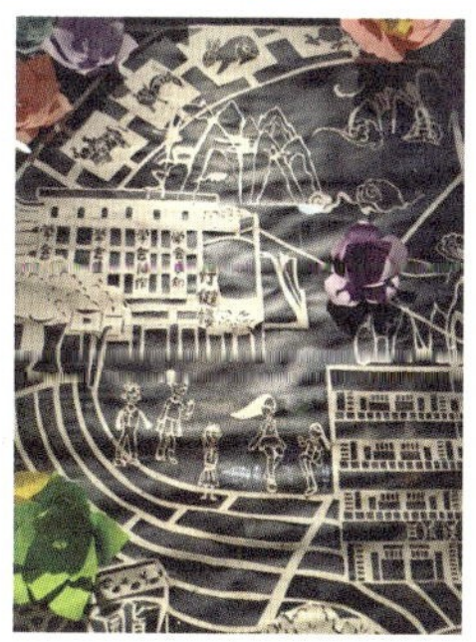

学生作品：华南师大附小校园美景

他的制作步骤一共四步：

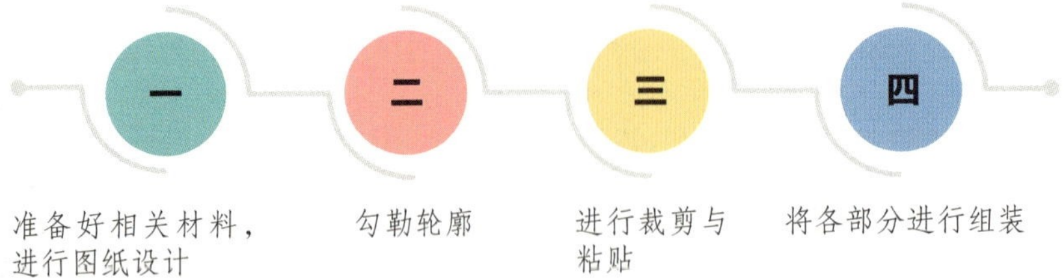

传播推广：分享剪纸之美

现在，让我们向大家展示我们所学的中国剪纸知识吧，成为非物质文化遗产小使者，和家人、朋友、同学一起分享这些美好的文化！

1.小小文化大师

在学校的非物质文化遗产作品展示中，同学们用各种剪纸窗花拼成一条龙的造型，向我们展示了剪纸这种最古老的民间艺术的魅力。

学生作品展板

2.小小活动策划

在华南师大附小的家长开放日活动中，老师和同学们一起制作了许多精美的剪纸作品，并制作巨幅展板向更多的人宣传和介绍中国传统的剪纸艺术，尽最大的努力将这种传统文化发扬光大。

剪纸艺术展现场

（三）研学反思

自我反思：我们的剪纸故事

太棒了，小伙伴们！在这段中国剪纸之旅里，你们一定学到了很多。现在，让我们一起来看看同学们是如何回顾这段美好时光的吧！

关同学说："剪纸是一门在我们国家非常受欢迎的艺术。它是中华民族智慧的结晶，也是我们宝贵的文化遗产。在学校里，我在研学活动和美术课上开始接触剪纸艺术，虽然一开始不太擅长，但老师一直耐心地教导我，还提供了许多漂亮的剪纸底样。经过多次尝试和练习，我变得越来越娴熟，能够剪出很多漂亮的剪纸图案。在这个过程中，不仅锻炼了我的动手能力，还让我更深刻地感受到了剪纸艺术的魅力。"

三、总结思考

1.研学总结

在这次有趣的研学活动中，我们一起探索了中国剪纸的神奇世界，更深入了解了剪纸的历史、特点和文化价值，体验了其制作过程，收获真大！

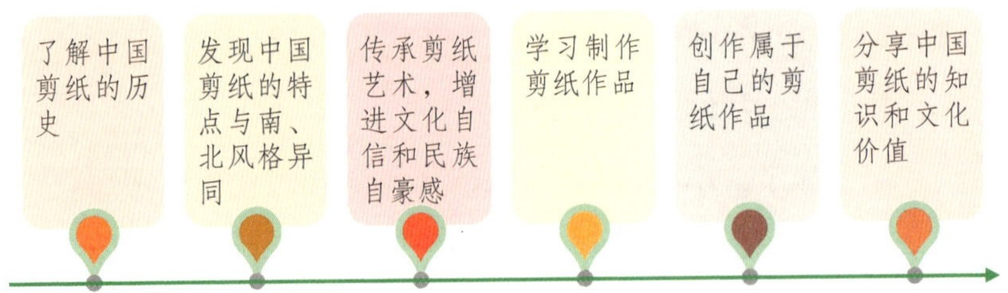

经历了整个研学过程，相信我们每个人都可以承担起传承非物质文化遗产的责任，让中华民族的经典文化延续下去，也让全世界感受到中华传统文化的魅力。

2.阅读思考

在传统剪纸（尤其是节庆主题剪纸）中经常可以看见猪、鱼、牛的形象，请思考：为什么要在剪纸当中融入这些动物的形象？它们各自有什么含义？

第二节　纸雕艺术

在这次活动中，你将有机会了解纸雕艺术、亲自动手制作纸雕。这次活动能够激发你对中华传统文化的兴趣，培养你的创造力。

一、研学目标

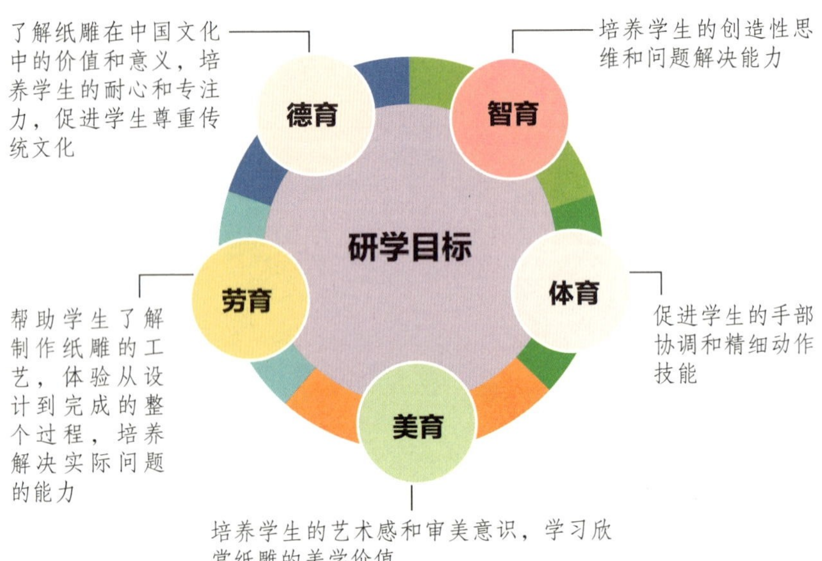

二、研学探究

（一）研学

情景感知：纸雕世界的奇妙之旅

嗨，小朋友们！让我们一起开始非物质文化遗产世界的奇妙之旅吧！那里有许多有趣的故事和传统！我们将会学到很多关于纸雕的知识，它们反映了祖祖辈辈的智慧呢！

1.历史小侦查

这个环节能让小朋友们更好地了解纸雕的历史背景。

纸雕起源于中国汉代，是在中国纸发明后以及后续对纸的改良发展中形成的，纸雕是民间传统的手工艺术之一，最早是手巧的农妇利用糊窗户纸的余料反复折成风车、小鸟等用来哄孩子的玩具，通过言传身教、代代传承，沿袭至今。纸雕在启发我们的想象力、培养动手能力方面发挥了重要的作用。

纸雕艺术展板

2.独特小发现

让我们用敏锐的观察力来发现纸雕的特点吧。

纸雕的特点：立体纸雕就像三维影像，纸雕艺术技艺高超、想象力丰富，通过折、剪、画、粘等方法制作出一幅幅美丽的图画或一个个立体的小物件，既有趣又美妙，既有观赏性又有创造性。

传统纸雕样例

内涵理解：发现纸雕的精彩

在遨游过纸雕历史的知识海洋后，我们将跳进纸雕的奇妙世界，看看它背后的故事、珍贵的价值和有趣的寓意。让我们一起展开想象力的翅膀，感受非物质文化遗产的无限精彩吧！

1.文化守护者

想想纸雕艺术为什么重要，我们为什么要保护它？

纸雕艺术来源于生活，是中国文化和千年历史积淀的产物。纸雕不仅制作的过程非常有趣，完成的作品也赏心悦目，极具艺术性和生命力。希望这一传统艺术可

学生体验

以在现代社会中继续传承下去。

纸雕作品不仅仅是美丽的艺术品，它们也承载着深刻的文化内涵。通过纸雕，我们了解了不同地方的特色与民间故事。

学生作品

在制作纸雕的过程中，我们可以提高文化自信和民族自豪感。希望我们能够珍惜并传承这一非物质文化遗产，因为它让我们更了解中国的文化。

2.心灵小窗户

你对学习纸雕文化有什么感受和想法呢？

纸雕是一门传统的手工艺术，使用纸张创作出精美的立体艺术品。艺术家使用剪刀、刻刀和其他工具，将纸张剪裁、雕刻和折叠，创造出各种形状和图案，包括花卉、动物、人物、建筑等。

徐同学说：“纸雕给我最大的感触就是神奇，一张张普通的纸在艺术家的手中，通过雕刻，变成了一件件立体、精美的艺术品。任何人的生活都离不开纸，我们用纸保持卫生，用纸保护物品，用纸传递消息，用纸记录文明，甚至用纸去创造种种奇幻，这就诞生了一种艺术——纸雕。”

纸雕艺术展板

特征探究：纸雕秘密的小侦探

让我们一起探究纸雕的制作特点，揭开它的神秘面纱。在这个过程中你将成为一名小小手艺人，亲手制作一个属于你自己的纸雕作品。

在制作纸雕时，需要用到一些工具（如剪刀、美工刀或刻刀、切割垫、胶水）以及彩色或纹理纸张。不同的工具和纸张可

以创造出不同的效果。用美工刀或刻刀在纸上雕刻各种有趣的图案，可以是花卉、动物、人物或其他物体。

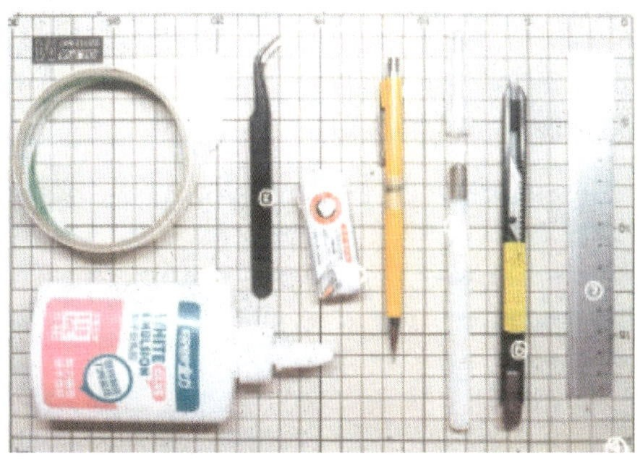

制作纸雕所需工具

纸雕的制作步骤

1.选择图案和设计	选择要制作的纸雕图案，可以是花卉、动物、人物或其他物体。如果你是初学者，可以从简单的图案开始
2.选择纸张	选择合适的纸张，不同颜色、纹理和厚度的纸张有不同的视觉效果
3.切割纸张	使用剪刀、美工刀或刻刀，根据设计图案剪裁出所需的形状和零件
4.折叠和装配	将剪裁出的形状、零件折叠和装配在一起，按照设计来创建三维立体的图形
5.粘合	使用胶水或双面胶帮助固定纸张，确保它们牢固连接
6.修饰	可以使用额外的纸张和装饰品为纸雕添加细节和纹理。检查纸雕的所有部分，确保它们完整、稳固，并根据需要进行装饰和上色
7.展示和欣赏	将纸雕展示在合适的地方，让人们欣赏你的艺术作品

学生纸雕作品

（二）创新

制品创作：做个小小设计师

准备好展示你的创造力了吗？让我们用所学的知识去创作我们的文化作品吧！无论是画画、做手工还是写故事，我们一起来尝试各种形式，成为小小设计师吧！

陈同学的纸雕作品是变形金刚纸雕面具。从勾画轮廓、填色、裁剪到粘贴，他一个个方法尝试、一次次失败之后重做，终于克服了种种困难，完成了纸雕面具。

学生纸雕面具

学生纸雕创意作品

有了第一次成功的经历，陈同学感到勇气倍增，他在班里的干花相框主题非遗活动中又做了一个题目为“一棵挂满红苹果的苹果树”的纸雕艺术作品。相框里满满的红苹果、青青的三叶草以及闻香而来贪吃的小鸟，组成了一幅生机勃勃、欣欣向荣的大自然景象。“我把我从小喜欢和向往的大自然景象用纸雕展现了出来。”陈同学说。

在学校的非物质文化遗产作品展示中，关同学用两幅纸雕艺术作品与同学们分享了“穿越古今的建筑之美”。一个是有着600年历史的古建筑——北京故宫角楼；另一个是现代建筑的代

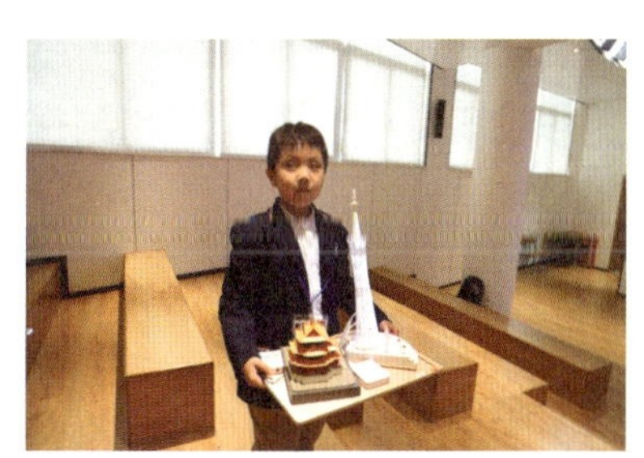

学生纸雕创意作品

表，我们广州的地标性建筑——广州塔。

他的制作步骤一共四步：

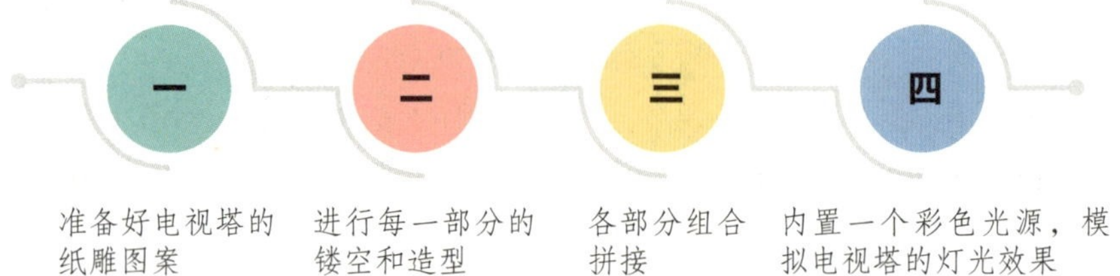

传播推广：分享纸雕之美

现在，让我们向大家展示我们所学的纸雕艺术吧，成为非物质文化遗产小使者，和家人、朋友、同学一起分享这些美好的文化！

1.小小文化大师

在非遗主题活动中，陈同学展出了“三只小鸟”作品。他说：“希望在接下来的非物质文化遗产课程中，学习到更多的非物质文化遗产知识和制作手工艺品的技能，体验丰富多彩的文化活动。”

学生作品展示

2.小小活动策划

在华南师大附小的家长开放日活动中，老师和同学们一起制作了许多精美的纸雕作品，并通过巨幅展板向更多的人宣传和介绍中国的纸雕艺术，尽最大的努力将这一传统文化发扬光大。

纸雕艺术展现场

（三）研学反思

自我反思：我们的纸雕故事

太棒了，小伙伴们！在这段中国纸雕之旅里，你们一定学到了很多。现在，让我们一起来看看同学们是如何回顾这段美好时光的吧！

洪同学说，在学习纸雕的过程中，她了解了纸雕的起源，掌握了简单的纸雕技艺。这个过程锻炼了她的动手能力、专注力和耐心。在做纸雕的时候，洪同学发现把图案画得太复杂会出现很难剪好的问题。在老师的引导和多次练习后，她变得越来越熟练。

学生分享

三、总结思考

1.研学总结

在这次有趣的研学活动中，我们一起探索了中国纸雕的神奇世界，更深入了解了纸雕的历史、特点、演变过程和文化价值，收获真大!

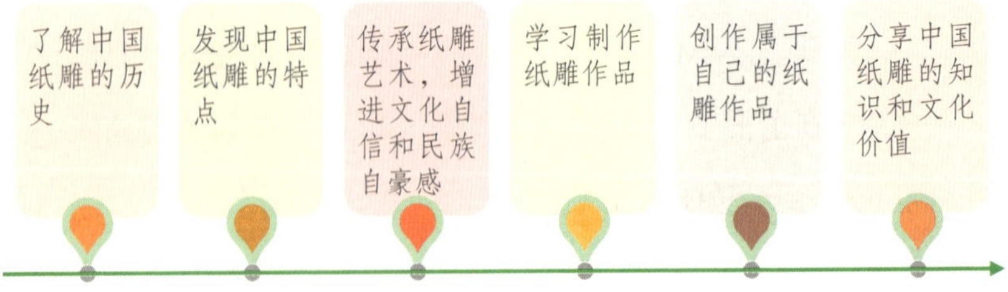

经历了整个研学过程，相信我们每个人都可以承担起传承非物质文化遗产的责任，让中华民族的经典文化延续下去，也让全世界感受到中华传统文化的魅力。

2.阅读思考

如果你想将一个纸雕图案按比例放大两倍，原图案的长度为8厘米，放大的图案将有多长？
如果你希望制作一个立方体的纸雕，每个面都是正方形，每个边长为5厘米，那么这个纸雕的总表面积是多少？

第三节　木版年画

在这次活动中，你将有机会了解木版年画文化、亲自动手制作木版年画。这次活动能够激发你对中华传统文化的兴趣，培养你的创造力。

一、研学目标

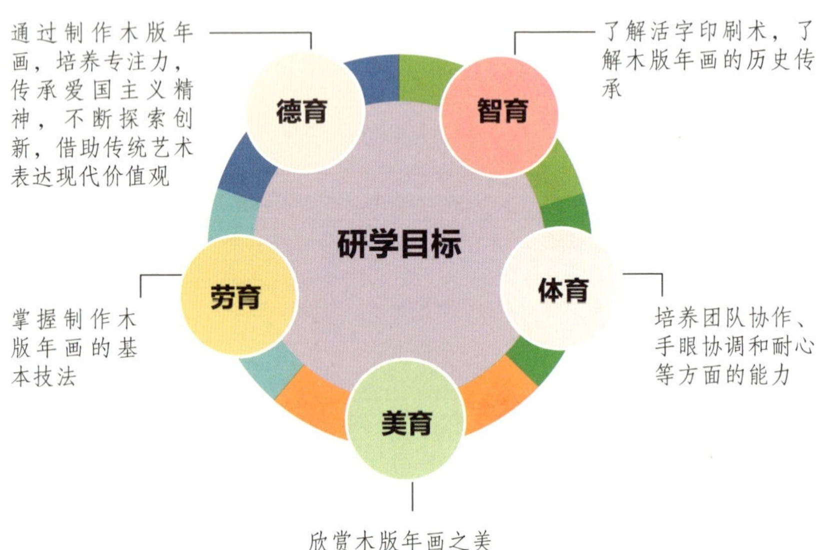

二、研学探究

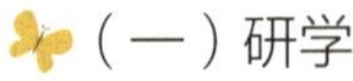

（一）研学

情景感知：木版年画世界的奇妙之旅

嗨，小朋友们！让我们一起开始木版年画世界的奇妙之旅吧！那里有许多有趣的故事和传统！我们将会学到很多关于木版年画的知识，它们反映了祖祖辈辈的智慧呢！

1.历史小侦查

在这个环节让我们了解一下木版年画的历史背景吧。

木版年画是以木版画形式制作的年画，用木板雕刻、印刷画的轮廓，再由人工或套版上色，有着一千多年的历史。木版年画用于除旧岁、迎新春、美化环境、营造节日的喜庆欢乐气氛。在中国民间，年画就是年的象征，不贴年画就不算过年。

木版年画样例

到了清代中晚期，民间年画发展达到了鼎盛阶段。传统木版年画的产地很多，其中天津杨柳青、河南朱仙镇、江苏桃花坞、广东佛山等地的产品最著名。

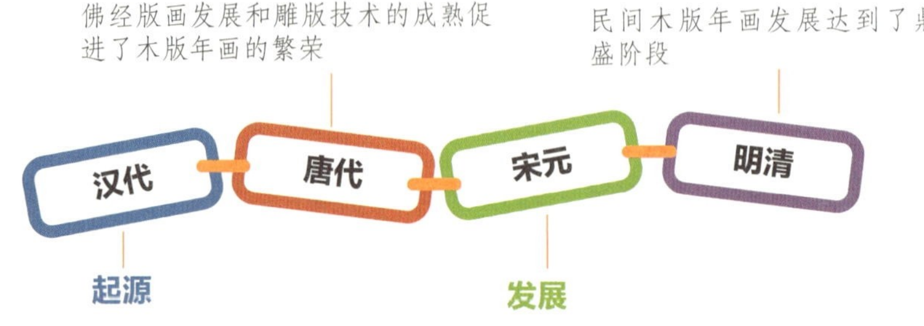

相传年画在汉代已出现，但木版年画出现当在木版印刷术发明以后

出现了《四美图》这样的精美绝伦的木版画，它是现存最早的木版画之一

2.独特小发现

让我们用敏锐的观察力来发现中国木版年画的特点以及南、北木版年画的异同吧。

木版年画的特点：采用木版雕刻技术，内容丰富多样，构图对称、饱满，色彩鲜艳明快，具有实用性和趣味性。

传统木版年画样例

北方的木版年画颜料色彩十分纯净，久不褪色。构图饱满匀称，笔法细腻，艺术风格独特。代表产地是天津杨柳青、河南开封。

南方的木版年画形象精细、构图饱满，富于装饰性。其精细显其入微，饱满寓其祥瑞，极具浓郁的地方特色，代表产地是广东的潮州和佛山。

北方木版年画（左）与南方木版年画（右）

内涵理解：发现木版年画的精彩

在遨游过木版年画历史的知识海洋后，我们将跳进木版年画的奇妙世界，看看它背后的故事、珍贵的价值和有趣的寓意。让我们一起展开想象力的翅膀，感受非物质文化遗产的无限精彩吧！

1.文化守护者

想想木版年画文化为什么重要，我们为什么要保护它？

木版年画不仅是美丽的艺术作品，还蕴藏着中国丰富的历史文化。木版年画是中国非物质文化遗产的一部分，代表了我们民族的智慧和创造力。

学生体验

通过木版年画，让我们一起了解中国的传统节庆、吉祥寓意以及丰富的民间故事吧。

木版年画这种非物质文化遗产，带给了我们深深的文化自信和民族自豪感。木版年画值得我们世代相传，它能让我们更了解中国的文化，希望这一传统艺术在现代社会中继续传承下去。

2.心灵小窗户

你对学习木版年画文化有什么感受和想法呢？

木版年画在中国是历史悠久、流传很广的一种民间艺术形式。木版年画通常用于庆祝农历新年，展现了吉祥图案、神话传说、民间故事和传统价值观，不仅有装饰性，还有文化传承的作用。木版年画在中国各地有着不同的地域特色和风格。

木版年画样例

许同学说："木版年画蕴含着丰厚的民间智慧与文化价值，反映了劳动人民的艺术才能和勤劳智慧。可是，随着社会发展，传统手工制作的木版年画被机器制作的所取代，人

木版年画样例

们已不再亲手制作年画。木版年画技艺慢慢遗失。我希望这一传统艺术可以继续传承下去。”

特征探究：木版年画秘密的小侦探

让我们一起探究木版年画的制作特点，揭开它的神秘面纱。在这个过程中你也将成为一名小小手艺人，亲手制作一幅属于你自己的木版年画。

在制作木版年画时，需用到一些工具，如细砂纸、小刀、凿子、马连、颜料、颜料笔、版画板、纸张。不同的工具和纸张可以创造出不同的效果，图案可以是花朵、动物、人物等。

制作木版年画所需工具

木版年画的制作步骤

1.选择图案	选择你想制作的年画图案。如果你是初学者，可以从简单的图案开始
2.打磨版画板	将版画板用细砂纸打磨光滑

续表

3.转移图案	把画稿反贴在木板上
4.雕刻出轮廓	使用小刀细心地雕刻图案，小心操作，以免误伤手指。在刻制过程中要细致、耐心，线条刻制一遍完成，保证线条光滑、流畅
5.凿出凹面	使用凿子将木板凿出凹面，小心操作，以免误伤手指
6.着色	选择合适的颜料，使用颜料和颜料笔为木板着色
7.铺纸	将纸张铺在木板上
8.用马连摩擦按压	使用均匀的力道用马连摩擦按压，将木板上的图案印在纸张上

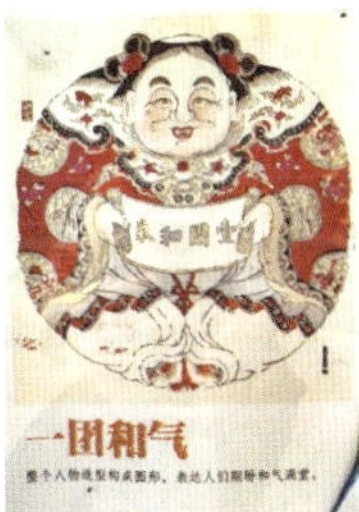

学生木版年画作品

（二）创新

制品创作：做个小小设计师

准备好展示你的创造力了吗？我们可以用所学的知识去创作我们的文化作品！无论是画画、做手工还是写故事，我们一起来尝试各种形式，成为小小设计师吧！

这是一幅木版年画作品，色彩明快鲜艳，构图饱满匀称，造型古朴夸张，富于装饰性。

学生木版年画作品

许同学为了制作这个木版年画作品，使用了小刀、凿子、马连、颜料、颜料笔等工具。他根据制作说明，最终成功完成了木版年画作品。

他的制作步骤一共四步：

设计画稿，在木板上贴上画稿

用小刀和凿子在木板上刻出图案

为木板着色

将纸铺在木板上，用马连摩擦按压

传播推广：分享木版年画之美

现在，让我们向大家展示我们制作的中国木版年画吧，成为非物质文化遗产小使者，和家人、朋友、同学一起分享这些美好的文化！

1.小小文化大师

学生创意作品

在学校的非物质文化遗产作品展示中，黄同学展示了她的创意木版年画作品“福”，向大家传递了她的美好祝福。

2.小小活动策划

在华南师大附小的家长开放日活动中，老师和同学们一起制作了许多精美的木版年画作品，并通过巨幅展板向更多的人宣传和介绍中国传统的木版年画艺术，尽最大的努力将这一传统文化发扬光大。

木版年画展现场

（三）研学反思

自我反思：我们的木版年画故事

太棒了，小伙伴们！在这段木版年画之旅里，你们一定学到了很多。现在，让我们一起来看看同学们是如何回顾这段美好时光的吧！

姚同学说："木版年画是我国最早的版画品种之一，有一千多年的历史。到了清代中晚期，发展达到鼎盛。木版年画伴随时代发展和朝代更迭展现出不同时期的文化风格与风俗习惯，木版年画的艺术特点、制作工艺及展现样式是劳动人民智慧的结晶。希望我们可以更好地保护、发掘和传承这种独特的艺术形式。"

三、总结思考

1.研学总结

在这次有趣的研学活动中，我们一起探索了木版年画的神奇世界，更深入了解了木版年画的历史、特点、演变过程和文化价值，收获真大！

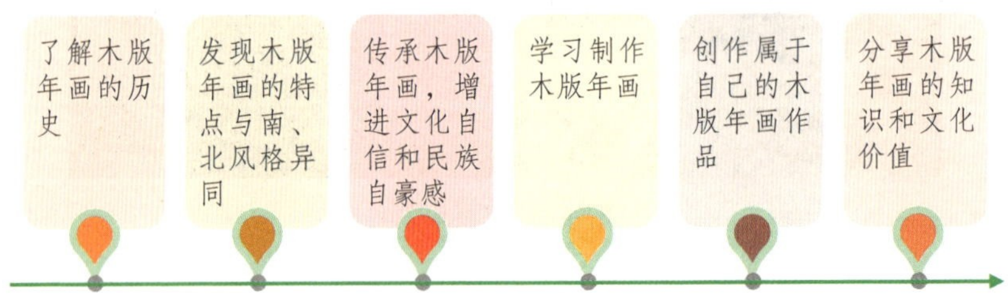

经历了整个木版年画的研学过程，相信每位同学都能够肩负起传承这一非物质文化遗产的重任。通过学习，我们不仅能够将木版年画的技艺传承下去，还能够让这一传统艺术在现代继续焕发生机。这种传承不仅有助于保护和延续中华民族的经典文化，也有助于将中国的传统文化价值观传递给世界各地的人们，使他们感受到中华传统文化的独特魅力。

2.阅读思考

木版年画的历史背景和文化起源如何影响其图案和主题的演变？
木版年画在中华传统文化和历史中扮演着怎样的角色？

第四节　中国灯彩

在这次活动中，你将有机会了解灯彩文化、亲自动手制作灯彩。这次活动能够激发你对中华传统文化的兴趣，培育你的工匠精神。

一、研学目标

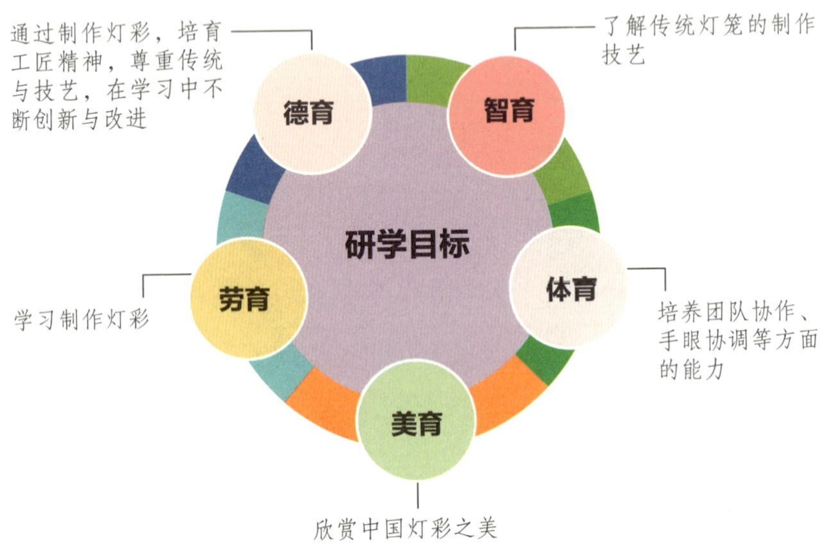

二、研学探究

（一）研学

情景感知：灯彩世界的奇妙之旅

嗨，小朋友们！你们准备好开启一场探索非物质文化遗产世界的奇妙之旅了吗？那里有许多有趣的故事和传统！我们将会学到很多关于中国灯彩的知识，它们反映了祖祖辈辈的智慧呢！

1.历史小侦查

传统灯彩样例

在这个环节让我们了解一下灯彩文化的历史背景吧！

中国的灯笼又统称灯彩，起源于两千多年前的西汉时期，每年的农历正月十五元宵节前后，人们都挂起象征团圆意义的红灯笼，来营造一种喜庆的氛围。经过历代灯彩艺人的继承和发展，灯彩形成了丰富多彩的品种和高超的工艺水平。

2.独特小发现

让我们用敏锐的观察力来发现中国灯彩的特点和样式吧！

中国灯彩的特点：形状和颜色各不相同，大多是手工制作；蕴含着特殊的意义，常常传达吉祥、幸福和希望的信息，受人喜爱。在中国古代的灯彩中，以宫灯和纱灯最为著名。

灯彩样例

宫灯通常由竹子、丝绸、纸和木制成。灯骨架使用竹子构造，外部覆盖丝绸或纸，可以用各种颜色的彩纸或绘画进行装饰。内部通常放置蜡烛或油灯，当灯亮起时，通过丝绸或纸透光，可以营造出独特的光影效果。

纱灯主要由竹骨架和薄纱构成，外形有各种形态，如花、鸟、动物等。可以在灯内放置蜡烛，使灯彩整体呈现出透亮的效果。

各式灯彩

内涵理解：发现灯彩的精彩

在遨游过灯彩历史的知识海洋后，我们将跳进中国灯彩的奇妙世界，看看它背后的故事、珍贵的价值和有趣的寓意。让我们一起展开想象力的翅膀，感受非物质文化遗产的无限精彩吧！

1.文化守护者

你认为灯彩为什么如此重要，我们为什么要保护它呢？

学生体验

灯彩不仅是美丽的艺术品，还包含着无尽魅力。灯彩是中国非物质文化遗产的一部分，反映了古人的智慧和创造力。

希望我们能够珍惜并传承这一非物质文化遗产，因为它让我们更了解中国的文化。通过灯彩制作，我们可以提高文化自信和民族自豪感，让这一传统艺术在现代社会中继续传承下去。

2.心灵小窗户

你对学习中国灯彩艺术有什么感受和想法呢？

中国灯彩是一门融合了艺术、手工艺和文化传承的独特工艺品。灯彩可以根据不同的主题，制作成各种各样的造型，如花朵、动物、人物、建筑等。

中国灯彩样例

罗同学说：“学习中国灯彩艺术让我仿佛打开了一扇心灵的小窗户。每一盏灯彩都是一个富有创意和智慧的艺术品，灯彩不仅仅是一种装饰，更是对中华传统文化的独特表达。通过这一古老而精湛的手工艺，让我深切感受到了中国非物质文化遗产的博大精深，我希望中国非物质文化遗产能一直流传下去。”

特征探究：灯彩秘密的小侦探

让我们一起探究中国灯彩的制作特点，揭开它的神秘面纱。在这个过程中你也将成为一名小小手艺人，亲手制作一个属于你自己的灯彩。

在制作灯彩时，需要用到一些工具和材料，如剪刀、颜料、纸张、竹子或木材等。这些工具和材料将根据灯彩的类型和设计而有所不同。灯彩的外层使用纸张进行装饰，可以选择不同类型的纸，如透明纸、彩色纸、宣纸或丝绸纸等，以实现不同的光效和视觉效果。在制作过程中，你可以添加各种装饰元素，如丝带、珠饰等，以丰富灯彩的外观。

制作灯彩所需工具

中国灯彩的制作步骤

1.造型制作	选择你想制作的灯彩设计图。参考设计图，一点点地将竹子弯曲成形。如果你是初学者，可以从简单的图案开始
2.照明装置	照明装置是灯彩制作不可缺少也是最重要的一步。在装置灯泡时，按照直径20~30厘米的光照范围选择灯泡，这样的光效会更悦目
3.造型裱糊	使用透光性好的布匹或者宣纸，利用胶水精细地粘贴在竹子之上
4.彩绘上色	根据自己的喜好画上不同的图案、花纹。如果灯彩尺寸很大，还可以使用喷枪工具进行大面积铺色，然后使用画笔精细修饰

学生体验

（二）创新

制品创作：做个小小设计师

准备好展示你的创造力了吗？我们可以用所学的知识去创作我们的文化作品！无论是画画、做手工还是写故事，我们一起来尝试各种形式，成为小小设计师吧！

罗同学希望将青花瓷艺术与中国灯彩结合起来。为了制作这个灯彩作品，她使用了竹子、垫板、图纸、万能胶、宣纸、剪刀、尺子等工具。她根据图纸的说明步骤一步一步雕刻、组合、拼接，并在宣纸上面画上了青花的图案，将灯彩修饰得美轮美奂。

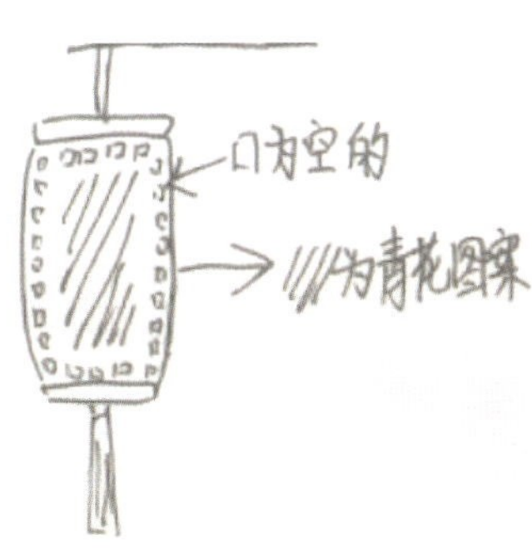

学生灯彩创意作品图示

学生分享

传播推广：分享灯彩之美

现在，让我们向大家展示我们所学的中国灯彩文化吧，成为非物质文化遗产小使者，和家人、朋友、同学一起分享这些美好的文化！

1.小小文化大师

在学校的非物质文化遗产作品展示中，张同学选了一盏自己制作的灯彩，她穿着节日传统服装，配上动听的音乐和精彩的视频，在灯彩的映衬下翩翩起舞。同时，其他同学在旁边用诗词和文字对灯彩文化进行介绍。

2.小小活动策划

老师和同学们一起制作了许多精美的灯彩作品，并通过表演向更多的人宣传和介绍中国传统的灯彩艺术，尽最大的努力将这种传统文化发扬光大。

（三）研学反思

自我反思：我们的灯彩故事

太棒了，小伙伴们！在这段中国灯彩之旅里，你们一定学到了很多。现在，让我们一起来看看同学们是如何回顾这段美好时光的吧！

张同学说："中国灯彩在民间又叫花灯，是一种古老的汉族传统手工艺品，多用于喜庆之时。据考证，元宵赏灯始于西汉。中国灯彩各种各样，如广东的走马灯、北京的宫灯等，它们的样式不同，但都带着团圆、丰收、美满和幸福而来！"

三、总结思考

1.研学总结

在这次有趣的研学活动中，我们一起探索了中国灯彩的神奇世界，更深入了解了中国灯彩的历史、特点、演变过程和文化价值，收获真大！

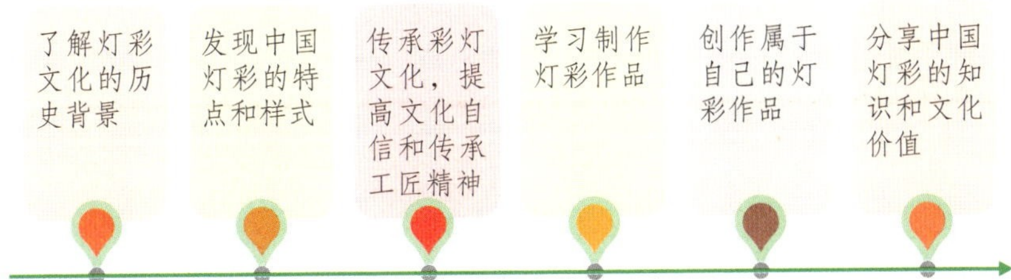

中国灯彩反映了中华传统文化的价值观，如和谐、幸福、团圆等，它代表了人们对美好生活和幸福家庭的向往。经历了整个研学过程，让我们将中国灯彩文化继续传承，让中华民族的经典文化延续下去，也让全世界感受到中国灯彩的魅力。

2.阅读思考

灯彩的设计有何特点？是如何结合艺术和工艺的？
中国灯彩的图案和形象通常有何象征意义？它们是否与中国的神话和传说有关？

第五节　传统刺绣

在这次活动中，你将有机会了解刺绣文化、亲自动手制作刺绣手工艺品。这次活动能够激发你对中华传统文化的兴趣，培养你的创造力。

一、研学目标

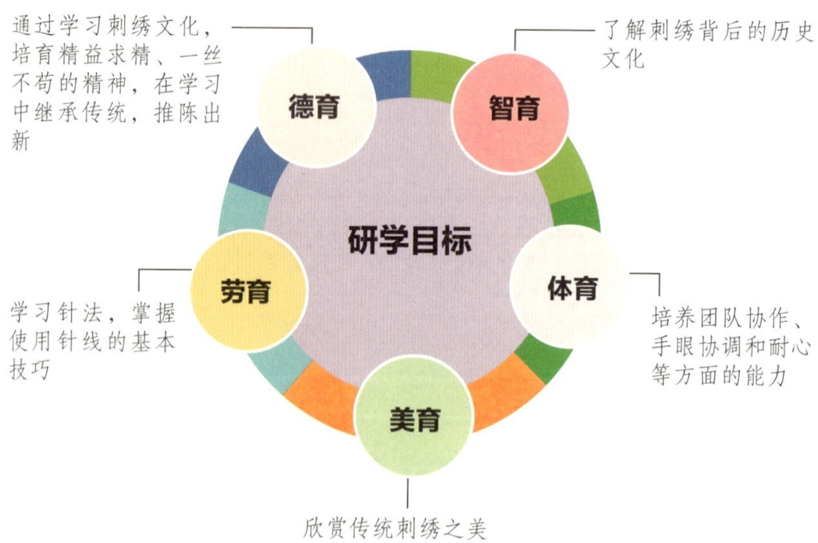

二、研学探究

（一）研学

情景感知：刺绣世界的奇妙之旅

嗨，小朋友们！让我们开启一场非物质文化遗产世界的奇妙之旅吧！那里有许多有趣的故事和传统！我们会学到很多关于传统刺绣的知识，它们反映了祖祖辈辈的智慧呢！

1.历史小侦查

在这个环节需要小朋友们了解传统刺绣的历史背景。

刺绣是中国民间传统手工艺之一，在中国至少有两三千年的历史。刺绣是用针线在织物上绣制的各种装饰图案的总称。刺绣分丝线刺绣和羽毛刺绣两种，刺绣的技法有错针绣、乱针绣、网绣、满地绣等，刺绣主要用于装饰服装、床上用品、台布、舞台、艺术品等。

传统刺绣样例

起源

中国刺绣起源很早，相传“舜令禹刺五彩绣”，主要用于装饰衣物和贵族礼品

鼎盛

在服装、帷幕和宫廷用品中得到广泛应用

继承与创新

刺绣用于装饰皇宫、宗教场所和富裕家庭，同时开始出现不同的风格和技术，如蜀绣、苏绣、粤绣等

现代复兴

随着近代工业发展，刺绣开始出口到国际市场，成为一种文化出口品

创新

刺绣艺术融合了传统技艺和现代设计，在传统领域、艺术装置和纺织品设计中取得了显著成果

2.独特小发现

让我们用敏锐的观察力来发现传统刺绣的特点，把图案画出来，分享给大家吧！

学生研学

传统刺绣的特点：手工制作，图案和设计多样，技艺细致精湛；包括多种技术，如平绣、针绣、十字绣、针法绣、金线绣等。作品既可以用于装饰服装、帷幕等，也可以用于装饰生活用

品，如被罩、桌布、餐巾等。

内涵理解：发现刺绣的精彩

在遨游过刺绣历史与特点的知识海洋后，我们将要跳进传统刺绣的奇妙世界，看看它背后的故事、珍贵的价值和有趣的寓意。让我们一起展开想象力的翅膀，感受非物质文化遗产的无限精彩吧！

1.文化守护者

想想刺绣为什么重要，我们为什么要保护它？

刺绣作品往往融入了诗词、典故、历史事件等元素，表现了中国古代人民的智慧和历史文化的沉淀。刺绣作为一种传统手工艺，蕴含着丰富的手工技艺和文化传统，有重要的社会和经济价值。保护这些作品，可以让后人更好地了解、传承和发扬刺绣文化。

学生体验

珍惜并传承刺绣这种非物质文化遗产，因为它让我们更了解我们的文化，让我们更有文化自信和民族自豪感，让我们将刺绣这种传统艺术在现代社会中继续传承下去。

大师作品

2.心灵小窗户

你对学习刺绣有什么感受和想法呢？和我们一起分享你的心情吧！

大师作品

张同学说：“刺绣需要我们具有耐心和细心，用针将丝线或其他纤维、纱线按照一定的图案和色彩在绣料上进行穿刺。刺绣时需要聚精会神、认真仔细。一张张绣料在我们的巧手和针线之下，能变成各种各样栩栩如生的刺绣工艺品。”

特征探究：刺绣秘密的小侦探

让我们一起探究刺绣的制作特点，揭开它的神秘面纱。在这个过程中你也将成为一名小小手艺人，亲手制作一个属于你的刺绣作品。

在进行刺绣时，需要用到一些工具，如剪刀、针线、绷框和绷架。绷框用来固定绣布，保持绣布的平整，方便进行刺绣。用针线在绣布上绣出各种有趣的图案和花纹，如花朵、动物、人物等。

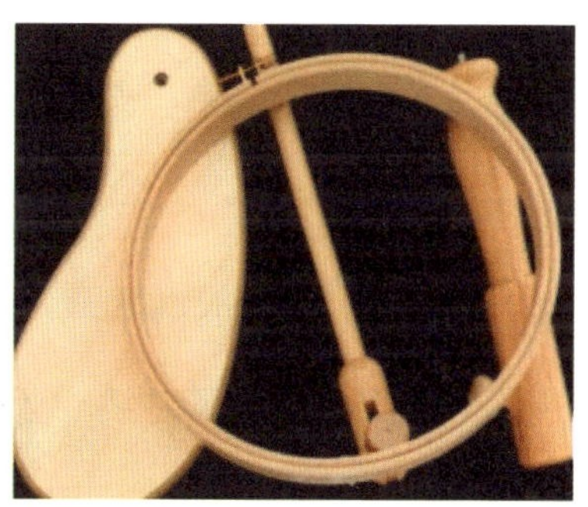

刺绣所需工具

传统刺绣的制作步骤

1.设计绣品	制作图纸，确定绣品的形状、大小、图案、色彩等
2.选择材料	选择绣线、绸缎等材料
3.选择刺绣技法	选择针法、线法等技法。针法包括平针法、提针法、绞针法等，线法包括平线法、拉线法、撇线法等
4.绣制	将设计好的图案转移到绸缎上，进行刺绣
5.检验与修复	完成刺绣后，应进行严格的检验，确保图案的精确性和艺术性。如果发现错误或不足，应进行修复
6.收尾	绣制完成后需要用剪刀将松散的线头剪掉，绣品用清水浸泡后晾干，并进行清洗、熨烫
7.装裱	将绣品装裱在合适的底布上，使其更加美观，并为日常使用或展示做好准备

（二）创新

制品创作：做个小小设计师

准备好展示你的创造力了吗？我们要用所学的知识去创作我们的文化作品！无论是画画、做手工还是写故事，我们一起来尝试各种形式，成为小小设计师吧！

刺绣作品

邹同学为了制作海豚刺绣作品，使用了两根刺绣针、四种颜色的线（蓝色、红色、黑色和白色）、绷框、绣布、铅笔和纸。首先他根据图纸用一股线绣出边框，再绣出海豚的蓝色部分，眼睛处采用绒线绣。他所采用的针法是回旋法和长针法，把海豚绣得栩栩如生。

传播推广：分享刺绣之美

现在，让我们向大家展示我们所学的传统刺绣文化吧，成为非物质文化遗产小使者，和家人、朋友、同学一起分享这些美好的文化！

1.小小文化大师

学生体验

在学校的非物质文化遗产作品展示中，刘同学制作了“处暑”和“大雪”两个节气主题的刺绣，她表示：在学习刺绣的过程中，她学到了刺绣的针法，体会到了刺绣悠久的历史，欣赏了大家的刺绣作品，希望能参与更多这样的活动。

2.小小活动策划

在华南师大附小的家长开放日活动中，老师和同学们一起制作了许多精美的刺绣作品，并通过巨幅展板向更多的人宣传和介绍刺绣艺术，尽最大的努力将这一传统文化发扬光大。

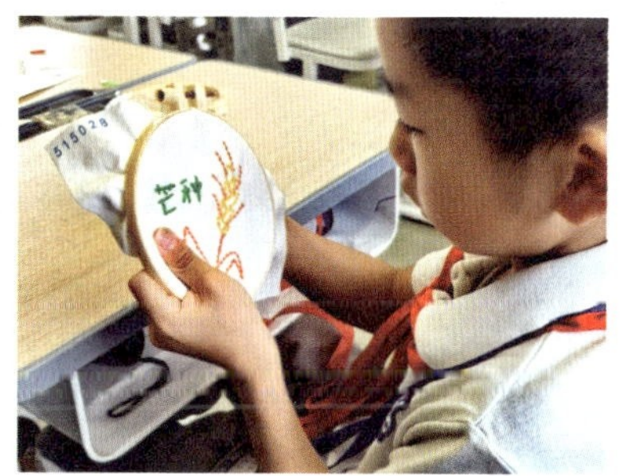

学生体验

（三）研学反思

自我反思：我们的刺绣故事

太棒了，小伙伴们！在这段传统刺绣之旅里，你们一定学到了很多。现在，让我们一起来看看同学们是如何回顾这段美好时光的吧！

陈同学告诉我们："刺绣具有民族独特性和文化积累，它是以人为核心反映在'刺绣'载体上的技艺、经验和精神。"

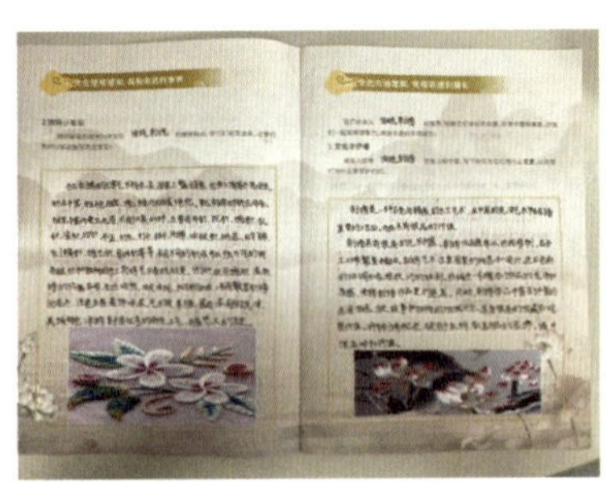

学生研学

这是陈同学第一次动手学习刺绣，感觉既兴奋又紧张。在家人的帮助下，她经过几天的努力，终于顺利地绣好了"小卯兔"。她也在实践中初步掌握了刺绣的一些基本方法和技巧，理解并学会了回针绣进一针、退一针的绣法，感受到了非物质文化遗产的魅力和价值。在今后的学习中，她会积极参与保护和传承珍贵的非物质文化遗产活动。

三、总结思考

1.研学总结

在这次有趣的研学活动中，我们一起探索了传统刺绣的神奇世界，更深入了解了刺绣的历史底蕴和文化价值，收获真大！

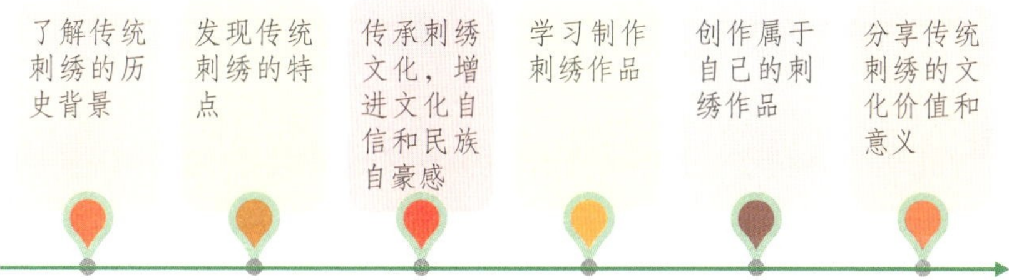

经历了整个研学过程，相信我们每个人都可以承担起传承刺绣文化的责任，让非物质文化遗产继续传承，让中华民族的经典文化延续下去，也让全世界感受到中国传统刺绣的魅力。

2.阅读思考

刺绣在不同地区有着不同的风格和特点，请比较它们的异同之处。

苏绣

粤绣

蜀绣

为什么刺绣如此重要？它对中国文化有什么影响？

第六节　景泰蓝艺术

在这次活动中，你将有机会了解景泰蓝艺术、亲自动手制作景泰蓝作品。这次活动能够激发你对中华传统文化的兴趣，培养你的创造力。

一、研学目标

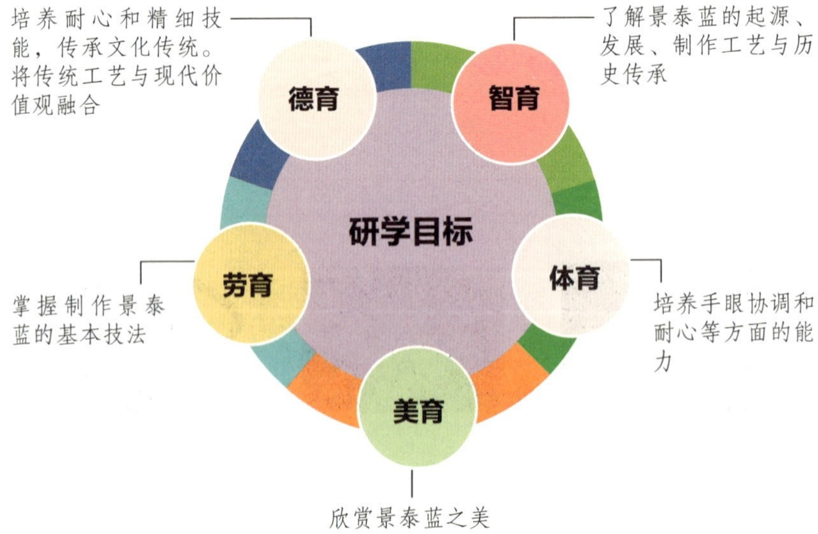

二、研学探究

（一）研学

情景感知：景泰蓝世界的奇妙之旅

嗨，小朋友们！让我们一起开始景泰蓝世界的奇妙之旅吧！那里有许多有趣的故事和传统！我们会学到很多关于景泰蓝的知识，它们反映了祖祖辈辈的智慧呢！

1.历史小侦查

在这个环节需要小朋友们了解景泰蓝的历史背景。

景泰蓝，正名为铜胎掐丝珐琅，俗名珐蓝，又称嵌珐琅，是中国著名的特种金属工艺品之一，是一种在铜质的胎型上，用柔软的扁铜丝掐成各种花纹焊上，然后把珐琅质的色釉填充在花纹内烧制而成的器物。

景泰蓝作品样例

北京是中国景泰蓝的发祥地，也是最重要的产地。景泰蓝集绘画、雕刻、青铜、瓷器等中国传统工艺于一身，2006年入选首批国家级非物质文化遗产名录。

2.独特小发现

让我们用敏锐的观察力来发现景泰蓝的特点以及古今景泰蓝的异同吧。

景泰蓝的特点：外观晶莹润泽、鲜艳夺目，制作过程较为复杂，样式千姿百态、精致好看，深受欢迎。

古代景泰蓝的颜色色彩表现较为单一，以蓝色为主，用其他颜色线条勾勒出图案。

传统景泰蓝样例

这是因为当时人们只能通过天然矿物来获取蓝色颜料。

现代景泰蓝则采用了更多的现代颜料和配色技术，使其色彩表现更加丰富和多样化。现代景泰蓝除了蓝色之外，还增加了绿色、黄色、红色等多种颜色，同时通过调整金属配比，还获得了不同色调的蓝色，使景泰蓝的色彩表现更加自然、和谐。

古代景泰蓝

现代景泰蓝

内涵理解：发现景泰蓝的精彩

在遨游过景泰蓝历史的知识海洋后，我们将要跳进景泰蓝艺术的奇妙世界，看看它背后的故事、珍贵的价值和有趣的寓意。让我们一起展开想象力的翅膀，感受非物质文化遗产的无限精彩吧！

1.文化守护者

想想景泰蓝为什么重要，我们为什么要保护它？

景泰蓝是中国传统工艺的珍贵代表之一，有悠久的历史和高度的艺术价值，其精湛的工艺、细致的图案和色彩代表了中国传统艺术的杰出成就。

景泰蓝制品的样式反映了不同历史时期的文化和社会背景，有助于我们了解古代生活和思想。景泰蓝艺术是中国文化的重要代表，有助于促进国际文化交流与理解。

学生体验

因此，保护景泰蓝艺术对于维护传统文化、历史记忆、艺术传承以及促进文化交流都有着深远的意义。通过保护和传承景泰蓝艺术，我们能够让这种宝贵的文化遗产继续熠熠生辉。

2.心灵小窗户

你对学习景泰蓝艺术有什么感受和想法呢？

田同学说："景泰蓝是古代劳动人民智慧的结晶。在多个王朝的历史变革中，手艺人用他们的双手创造了灿烂的景泰蓝艺术。在了解景泰蓝的发展历史的过程中，我有很多感受，伟大的劳动人民用他们的智慧给后人创造了宝贵的财富，向劳动人民致敬！"

景泰蓝样例

特征探究：景泰蓝秘密的小侦探

让我们一起探究景泰蓝艺术的制作特点，揭开它的神秘面纱。在这个过程中你也将成为一名小小手艺人，亲手制作一个属于你自己的景泰蓝作品。

景泰蓝样例

景泰蓝的制作步骤

1.制胎	以红铜做胎，因为红铜具有延展性，容易被打造成预先设计的形式
2.掐丝	将扁铜丝粘在铜胎表面，这是一项非常精细的工作
3.点蓝	点蓝就是涂色料，用的色料是制颜色玻璃的原料。原料不同，颜色也就不同
4.烧蓝	烧制的工作被称为烧蓝
5.打磨	使成品表面光润

接下来就让我们用木板代替红铜，来制作景泰蓝作品吧！在制作景泰蓝作品时，需要用到一些工具，如笔、铜丝、颜料和胶水黏合剂等。你可以创作自己喜欢的图案，如花朵、动物、人物等。

制作景泰蓝作品所需工具

制作景泰蓝作品步骤

1.选择木板	选择表面光滑的木板
2.画上花纹	用笔在木板上画上自己喜欢的花纹
3.粘铜丝	将铜丝顺着花纹线条，粘在木板上
4.涂颜料	选择喜欢的颜料，在线条内上色

学生体验

（二）创新

制品创作：做个小小设计师

准备好展示你的创造力了吗？我们要用所学的知识去创作我们的文化作品！无论是画画、做手工还是写故事，我们一起来尝试各种形式，成为小小设计师吧！

邓同学的景泰蓝设计图展现了丰富的创造力，他通过精巧的图案和丰富的色彩，勾勒出一幅生机勃勃的画面。作品中的花、草，以及巧妙的数目运用，为整个作品增添了童趣和活力，仿佛置身于一个童话般的世界。色彩选择也十分巧妙，以蓝、红、绿、黄为主的鲜艳色彩呈现，让整个作品更具生动感和愉悦感。画面构图匀称且饱满，赋予作品良好的装饰性，使人愿意一次又一次地欣赏。邓同学的景泰蓝设计图不仅传达了艺术的美感，还展示了创作者的丰富想象力。

学生景泰蓝设计图展示

官同学的景泰蓝作品呈现了一朵生

动的红花，这一设计不仅巧妙地运用了景泰蓝的传统工艺，还表现出他对自然美的独到见解。红色花朵与蓝色背景形成鲜明的对比，增添了整个作品的生气和活力。绿叶点缀则增强了花朵的立体感，使其更加栩栩如生。

这幅景泰蓝作品展示了官同学对色彩和形状的敏锐感知，以及对自然之美的独特诠释。这一作品既传承了景泰蓝的传统工艺，又为景泰蓝艺术注入了新的活力。他的制作步骤是：

学生景泰蓝作品展板

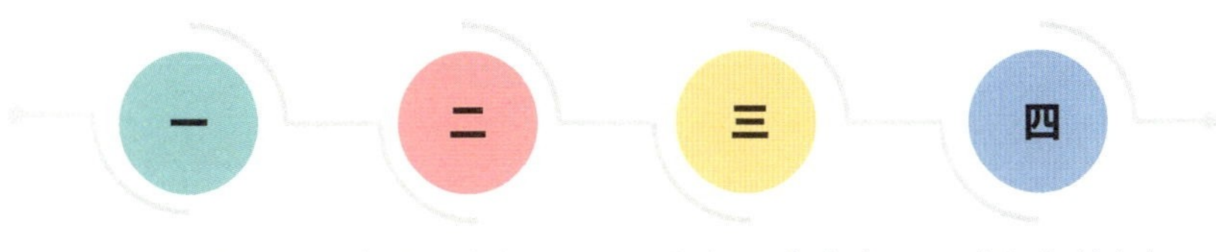

设计景泰蓝图案，发挥想象进行构图、配色

在圆形木板上画出图案

将铜丝粘在木板上

选择颜料上色

传播推广：分享景泰蓝之美

现在，让我们向大家展示我们所学的景泰蓝文化吧，成为非物质文化遗产小使者，和家人、朋友、同学一起分享这些美好的文化！

1.小小文化大师

在学校的非物质文化遗产作品展示中，罗同学的景泰蓝作品展示了她独特的创意和对传统文化的热爱。她将旗袍与景泰蓝艺术巧妙地融合，以旗袍的经典轮廓呈现整个作品，这个构思别出心裁，充分展现了她的创造力。作品的配色也非常引人注目，橙色、紫色、红色、绿色等丰富而明亮的色彩，为旗袍赋予了典雅和大方的特质，同时也凸显了传统文化的独特魅力。这样的作品不仅是对景泰蓝艺术的创新，也是对传统文化的热情传承，表现了中华文化的丰富多彩。

学生介绍景泰蓝艺术魅力

2.小小活动策划

在华南师大附小的家长开放日活动中，老师和同学们一起制作了许多精美的景泰蓝作品，并通过巨幅展板向更多的人宣传和介绍中国传统的景泰蓝艺术，尽最大的努力将这种传统文化发扬光大。

景泰蓝展现场

（三）研学反思

自我反思：我们的景泰蓝故事

太棒了，小伙伴们！在这段景泰蓝艺术之旅里，你们一定学到了很多。现在，让我们一起来看看同学们是如何回顾这段美好时光的吧！

田同学说："景泰蓝是国家级非物质文化遗产，被称为中国工艺美术三大瑰宝之一，是中国乃至世界历史上最悠久、制作工艺最复杂也是影响最深远的传统工艺品之一。在这次学习中，我深入了解了景泰蓝及其历史文化，并把它牢牢记在心里。让我们弘扬景泰蓝文化，使这跨越几百年的皇家技艺带着历史的脉搏和时代的记忆走向世界、走向未来。”

三、总结思考

1.研学总结

在这次有趣的研学活动中，我们一起探索了景泰蓝的神奇世界，更深入了解了景泰蓝的历史底蕴和文化价值，收获真大！

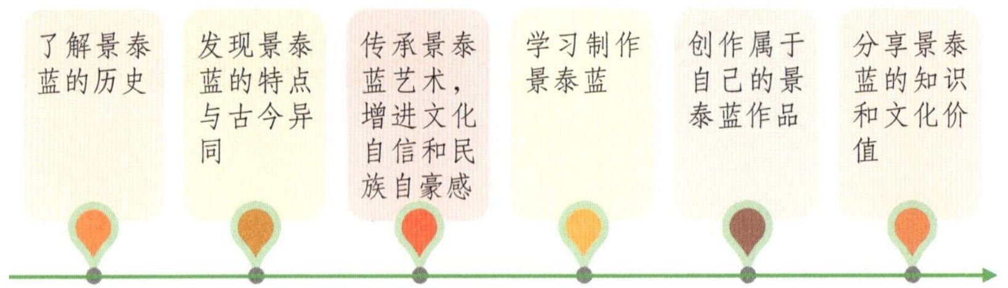

在整个景泰蓝艺术的研学过程中，我们每位同学都感受到了传承这种非物质文化遗产的重要性和使命感。在这次学习中，我们不仅学会了景泰蓝的制作技艺，还明白了传统艺术在现代的珍贵性。这样的传承工作有助于保护和延续中华民族的经典文化，同时也能将中国的传统文化价值观传递给世界各地的人们，让他们感受到中华传统文化的独特魅力。我们每位同学都愿意为这一使命肩负责任，让景泰蓝艺术继续在现代焕发生机，成为世界共享的文化瑰宝。

2.阅读思考

图中景泰蓝作品的形状和特征各是什么？ 
描述并解释对称关系，说明它是如何在景泰蓝艺术中起作用的。

第七节　广彩工艺

在这次活动中，你将有机会了解广彩文化、亲自动手制作广彩手工艺品。这次活动能够激发你对中华传统文化的兴趣，培养你的创造力。

一、研学目标

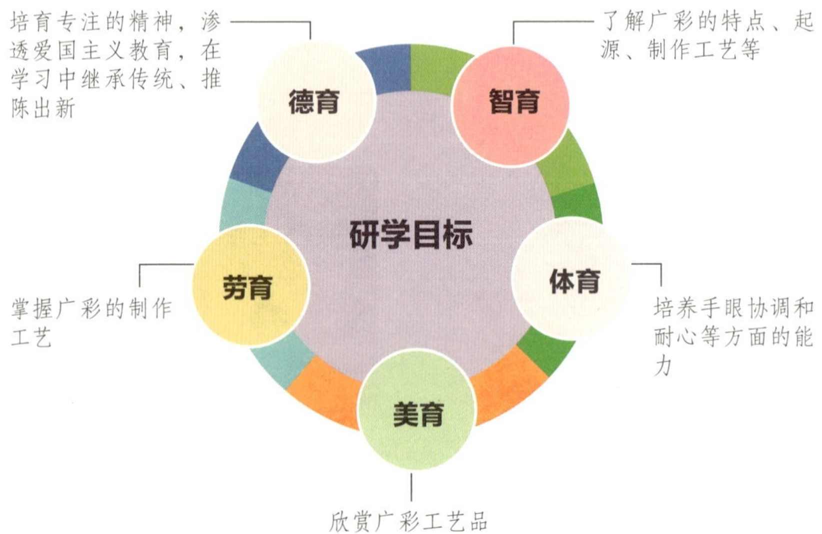

二、研学探究

（一）研学

情景感知：广彩世界的奇妙之旅

嗨，小朋友们！让我们一起开始探索广彩世界的奇妙之旅吧！那里有许多有趣的故事和传统！我们会学到很多关于广彩的知识，它们反映了祖祖辈辈的智慧呢！

1.历史小侦查

在这个环节需要小朋友们了解广彩的历史背景。

广彩也被称为广州彩瓷、广州织金彩瓷，指的是广州烧制的织金彩瓷，其采用低温釉上彩装饰技法。广彩是一种产自广东省广州市的地方传统手工艺品，始于清代康熙中晚期至雍正时期，繁盛于道光、咸丰、同治和光绪时期，至今已有300多年的历史。

广彩工艺品样例

清康熙中晚期——**初创**：外国人重华瓷，通常在广州订货或来样加工，广彩瓷器应运而生。此时广彩瓷器大多依照景德镇彩瓷纹样绘制

清乾隆、嘉庆年间——**成熟**：广彩瓷器形成独特风格，依照西洋画法加以彩绘，有绚丽多彩的基本特征

清道光至光绪年间——**繁盛**：广彩进入色彩绚烂、形式逐步程序化的时期

改革开放后——**创新发展**：政府大力扶持广彩生产，广彩进入多元化发展时期

2.独特小发现

让我们用敏锐的观察力来发现广彩的特点吧。

广彩瓷盘

广彩瓷器的烧制技艺借鉴了我国织锦工艺的手法，以色彩艳丽、构图严谨、绘工精细著称，利用多种颜色和金银水进行勾、描、织、填，形成图案。广彩最特殊的地方在于“织金堆玉”的工艺技法，在各种白胎瓷器上，运用织金的手法，将“金线”描绘于其上，仿佛将万缕金丝织在白玉上，显得绚彩华丽、金碧辉煌。

内涵理解：发现广彩的精彩

在遨游过广彩历史的知识海洋后，我们将要跳进广彩的奇妙世界，看看它背后的故事、珍贵的价值和有趣的寓意。让我们一起展开想象力的翅膀，感受广彩艺术的无限精彩吧！

1.文化守护者

想想广彩艺术为什么重要，我们为什么要保护它?

广彩是优秀的传统艺术，带有浓厚的广东地方特色，是中国工笔画技法与西洋画法完美结合的中国制瓷艺术。

晚清人物广彩盘

广彩是岭南文化的重要载体，历史悠久，其烧制技艺根植于民间，具有重要的文化和历史研究价值。珍惜并传承广彩工艺，因为它是我们宝贵的文化财富。

2.心灵小窗户

你对学习广彩艺术有什么感受和想法呢?

王同学说：“广彩的颜色非常鲜艳，以大红大绿为主，有的还有金漆描边。广彩的图案非常丰富，有柿子、花篮、龙凤、彩蝶、金鱼、古装人物等。我觉得广彩非常漂亮，给我一种色彩艳丽、金碧辉煌的感觉。广彩瓷器的产生，是从中国贸易的外销瓷中，逐步适应国外市场的需要而发展起来的，我觉得很自豪。”

广彩样例

特征探究：广彩秘密的小侦探

让我们一起探究广彩的特点，揭开它的神秘面纱。在这个过程中，我们将发挥想象力，找出更多关于广彩的奥秘！在这个过程中你也将成为一名小小手艺人，亲手制作一个属于你的广彩手工艺品。

制作广彩手工艺品需要用到的工具有白纸盘、颜料、颜料盘和画笔。让我们用画笔在白纸盘上绘画出各种有趣的图案吧！

体验广彩所需工具

广彩手工艺品的制作步骤

1.调制颜料	选择颜料，在颜料盘上调制出你想要的颜色
2.绘制图案	在白纸盘上绘画出你想要的图案
3.上色	用颜料给白纸盘里描好的图案填色

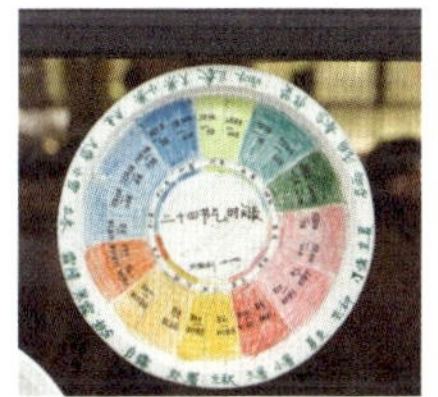

学生制作的广彩手工作品

（二）创新

制品创作：做个小小设计师

准备好展示你的创造力了吗？我们要用所学的知识去创作我们的文化作品！无论是画画、做手工还是写故事，我们一起来尝试各种形式，成为小小设计师吧！

郑同学动手参与了广彩瓷器的制作，他使用了画笔、一张花朵照片、调色盘、铅笔、颜料等工具。首先他根据花朵的照片，用铅笔在瓷器上勾画出线稿，然后用颜料给绘制好的图案上色，最后用黑色颜料勾画边缘。

学生广彩作品展板

刘同学了解广彩的制作工艺后，动手制作了一件广彩陶瓷杯具。她先在陶瓷杯表面勾勒出牵牛花的图案，再用画笔细心地填充了丰富的配色，完成的作品既美观又有特色。

学生制作的广彩瓷器作品

传播推广：分享广彩之美

现在，让我们向大家展示我们所学的广彩艺术吧，成为广彩艺术的小使者，和家人、朋友、同学一起分享这些美好的文化！

1.小小文化大师

广彩瓷器大师作品

在学校的非物质文化遗产作品展示中，王同学和同学们分享了她自己制作的广彩茶壶。刚开始她还不太会用釉上彩，有时候颜料还没干，不小心碰花了，就要重新画。后来她尝试一只手轻轻托起茶壶，另一只手拿画笔慢慢地画，等颜料干后再第二次上色，一个美观的广彩茶壶就做成了。

2.小小活动策划

在华南师大附小的家长开放日活动中，老师和同学们一起制作了许多精美的广彩手工艺品，并通过巨幅展板向更多的人宣传和介绍中国传统的广彩艺术，尽最大的努力将这一传统文化发扬光大。

广彩艺术展现场

（三）研学反思

自我反思：我们的广彩故事

太棒了，小伙伴们！在这段广彩之旅里，你们一定学到了很多。现在，让我们一起来看看同学们是如何回顾这段美好时光的吧！

张同学说："广彩的研学活动很丰富、很好玩、很有趣。我学到了广彩的起源和历史，制作广彩所需要的工具、材料和制作过程。也欣赏了很多精美的广彩作品，同时认识到了工艺传承的重要性。"

学生作品分享

三、总结思考

1.研学总结

走进广彩的世界，就像进入了一个充满奇幻色彩的艺术国度。在这里，同学们不仅参与了制作广彩，还深入了解了广彩这种传统非物质文化遗产项目的历史和文化内涵。

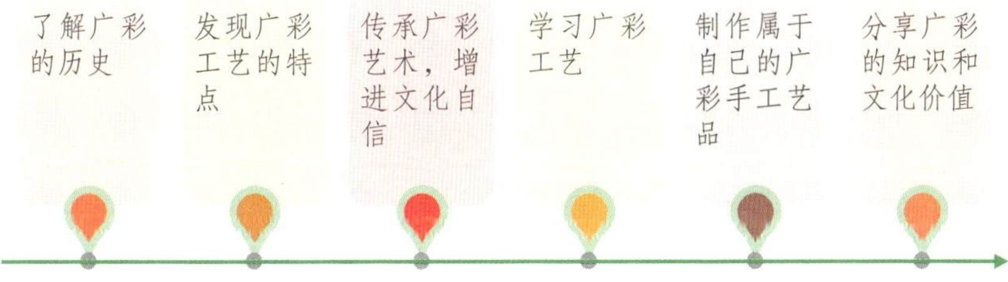

经历了整个研学过程，我们对广彩的独特技艺和历史渊源有了更深入的了解，也被广彩瓷器的鲜艳色彩和精美图案深深吸引。让我们共同努力，保护和传承非物质文化遗产，让传统文化在新的时代焕发出更加绚丽的光芒！

2.阅读思考

观察这幅图，描述你所看到的内容。结合广彩的历史，思考广彩在中西文化交流中起到的作用。

清乾隆广彩——洋人垂钓图

图书在版编目（CIP）数据

探寻中国非物质文化遗产之美 . 上 / 江伟英 , 詹泽慧主编 . -- 北京 : 北京时代华文书局 , 2024.9

ISBN 978-7-5699-5478-4

Ⅰ . ①探… Ⅱ . ①江… ②詹… Ⅲ . ①非物质文化遗产－研究－中国 Ⅳ . ① G122

中国国家版本馆 CIP 数据核字 (2024) 第 077733 号

TANXUN ZHONGGUO FEIWUZHI WENHUA YICHAN ZHI MEI SHANG

出 版 人：陈　涛
策划编辑：周　磊
责任编辑：张正萌
装帧设计：程　慧　王艾迪
责任印制：刘　银

出版发行：北京时代华文书局 http://www.bjsdsj.com.cn
北京市东城区安定门外大街 138 号皇城国际大厦 A 座 8 层
邮编：100011　电话：010-64263661　64261528
印　　刷：天津丰富彩艺印刷有限公司
开　　本：710 mm×1000 mm　1/16　　成品尺寸：160 mm×230 mm
印　　张：13　　字　　数：134 千字
版　　次：2024 年 9 月第 1 版　　印　　次：2024 年 9 月第 1 次印刷
定　　价：79.00 元（全二册）

探寻中国非物质文化遗产之美（下）

华南师大附小 C-STEAM 研学精选

主编　江伟英　詹泽慧

C-STEAM

北京时代华文书局

第八节　广东凉茶

在这次活动中，你将有机会了解广东凉茶文化、亲自动手熬制广东凉茶。这次活动能够激发你对中华传统文化的兴趣，培养你的创造力。

一、研学目标

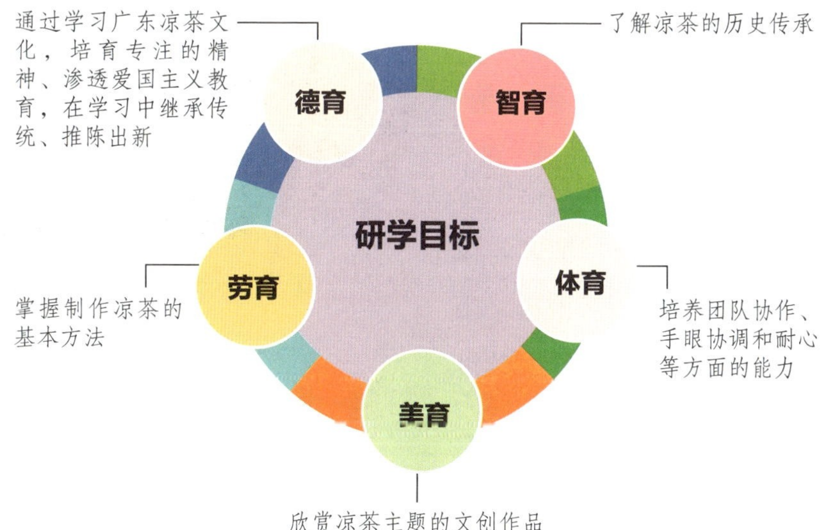

二、研学探究

（一）研学

情景感知：凉茶世界的奇妙之旅

嗨，小朋友们！让我们一起开始非物质文化遗产世界的奇妙之旅吧！那里有许多有趣的故事和传统！我们会学到很多关于广东凉茶的知识，它们反映了祖祖辈辈的智慧呢！

1.历史小侦查

在这个环节小朋友们将会了解凉茶的历史背景。

传统凉茶原料

广东的凉茶发源于东晋时期，东晋医学家葛洪于公元306年来到岭南地区，彼时的岭南地区瘴病流行，当地百姓深受病痛侵扰。葛洪潜心研究岭南各种瘟病医药，为当地百姓解除了诸多病患。当地医学家在其留下的医学著作上加以研究总结，以及在人们对抗和防治疾病的过程中，逐渐形成了岭南专属的、底蕴深厚的凉茶配方。

2.独特小发现

让我们用敏锐的观察力来发现凉茶的特点吧。

广东凉茶有清热解毒、生津止渴的作用，非常适合夏天饮用。除了清热解毒和生津止渴外，凉茶还有去湿、清火、明目、散结、消肿等功效，对目赤头痛、头晕耳鸣、疔疮肿毒和高血压也有一定疗效，在夏天完全可以当清凉饮料饮用。但体质偏寒凉的人不宜多饮，孕妇和小孩不宜饮用。

广东凉茶种类

内涵理解：发现凉茶的精彩

在遨游过广东凉茶历史的知识海洋后，我们将跳进凉茶的奇妙世界，看看它背后的故事、珍贵的价值和有趣的寓意。让我们一起展开想象力的翅膀，感受非物质文化遗产的无限精彩吧！

1.文化守护者

想想凉茶为什么重要，我们为什么要保护它？

当畅饮广东凉茶时，我们不仅是在品味草本植物的独特风味，也是在保持自己的健康。用草本植物熬制出来的广东凉茶，带有其特有的芳香气味，对岭南地区人民的湿热病症有良好的调理作用。凉茶是中国非物质文化遗产的一部分，代表了我们民族的智慧和创造力。

学生体验

广东凉茶不仅是维护健康的草本饮料，也承载着深刻的文化内涵。在对广东凉茶文化的学习中，我们将了解凉茶的传统制作工艺、探索人与自然的相处之道，我们将提高文化自信和民族自豪感，让这一传统文化在现代社会中继续传承下去。

2.心灵小窗户

你对学习广东凉茶文化有什么感受和想法呢？

凉茶是广东夏季常见的一种中草药饮料，它的名字和它的功能有关。虽然叫凉茶，但实际上该饮料里面是没有茶叶成分的。凉茶通常以夏枯草、金银花、罗汉果等为主要配方。凉茶的“凉”是指将药性寒凉和能消解人体内热的中草药煎水做饮料喝，用来消除夏季人体内的暑气，或治疗冬季干燥引起的喉咙疼痛等疾患。

传统凉茶铺

谭同学说：“广东凉茶可以消暑、去湿、生津、降火、明目、消除口腔问题、滋润咽喉……它对我们的健康有那么多的好处，为什么不保护它？”

吕同学说：“传承广东凉茶不仅传承了文化和知识，还传承了一份医者对疾苦大众的怜悯与爱心，广东凉茶可以帮助我们调养身体、去湿驱寒、散热消暑、养生，甚至治愈疾病。”

特征探究：凉茶秘密的小侦探

让我们一起探究广东凉茶的制作特点，揭开它的神秘面纱。在这个过程中你也将成为一名小小手艺人，亲手熬制一壶属于你的凉茶。

在熬制凉茶时，我们会用到一些草药原料，如夏枯草、罗汉果、金银花等。不同草本植物制成的凉茶对不同病症有调理效果，但熬制步骤大同小异。

广东凉茶的熬制步骤

1.熬制	将适量的水煮沸，加入洗净的草药或植物材料，煮沸后转小火或文火慢慢熬煮，以提取更多的味道和药效，熬制时间一般为15分钟到1小时
2.过滤和冷却	过滤出固体材料，将凉茶液体冷却至适宜的温度
3.添加调味品	根据个人口味添加适量的冰糖、蜂蜜、柠檬汁等调味品，使凉茶更加美味
4.冷藏或加冰块	将制作好的凉茶放入冰箱冷藏，或加入适量的冰块，让凉茶达到凉爽的饮用温度

学生体验

（二）创新

制品创作：做个小小设计师

准备好展示你的创造力了吗？用我们所学的知识去创作自己的文化作品吧！无论是画画、做手工还是写故事，我们一起来尝试各种形式，成为小小设计师吧！

书签，是我们在阅读书籍、汲取精神食粮过程中的重要工具；凉茶，是为我们物质生活保驾护航的健康使者。制作一个以凉茶为主题的书签，是精神生活与物质生活的碰撞，创造出不一样的精彩。

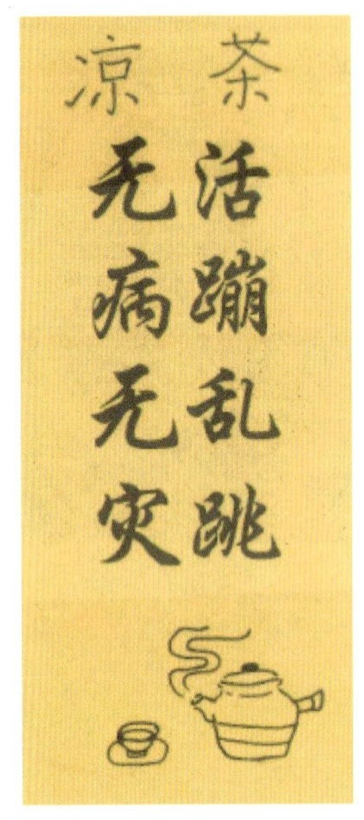

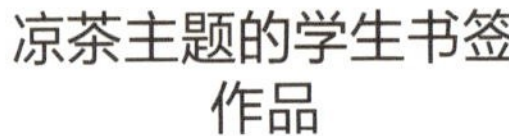
凉茶主题的学生书签作品

凉茶原材料

张同学为了制作书签，使用了彩色卡纸、剪刀、铅笔、毛笔、黑色签字笔等工具，后期还可以贴上凉茶原材料的标本。

制作步骤一共四步：

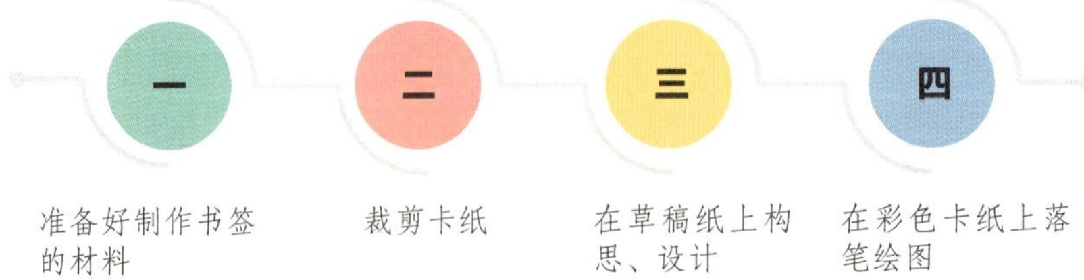

准备好制作书签的材料

裁剪卡纸

在草稿纸上构思、设计

在彩色卡纸上落笔绘图

传播推广：分享凉茶之美

现在，让我们向大家展示我们所学的广东凉茶文化吧，成为非物质文化遗产小使者，和家人、朋友、同学一起分享这些美好的文化！

1.小小文化大师

在学校的非物质文化遗产作品展示中，刘同学展示了有“广东凉茶”字样的纸扇，和同学们分享了“多文化交融的文创”。这件作品融合了书法、传统纸扇、广东凉茶的文化，是岭南人民生活的缩影。

学生作品展示

2.小小活动策划

在华南师大附小的家长开放日活动中，老师和同学们一起制作了许多精美的广东凉茶主题作品，并通过巨幅展板向更多的人宣传和介绍广东凉茶，尽最大的努力将这一传统文化发扬光大。

广东凉茶展现场

（三）研学反思

自我反思：我们的广东凉茶故事

太棒了，小伙伴们！在这段广东凉茶文化之旅里，你们一定学到了很多。现在，让我们一起来看看同学们是如何回顾这段美好时光的吧！

冼同学说：“广东凉茶含有丰富的天然草药和植物成分，以保持人们的健康。这些草药被精心挑选和配比，以达到最佳的功效。广东凉茶中常用的草药有金银花、菊花、薄荷等，它们有着清热解毒、消炎止痛等特性。”

三、总结思考

1.研学总结

在这个有趣的研学活动中，我们一起探索了广东凉茶的神奇世界，更深入地了解了广东凉茶的历史、特点、制作过程以及文化价值，收获真大！

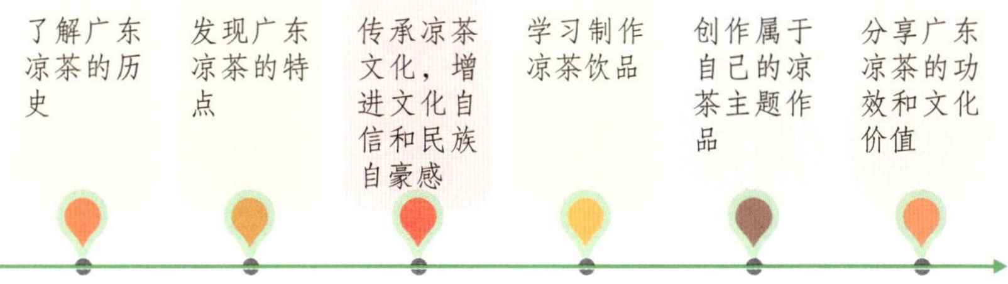

通过这次广东凉茶主题的研学，我们深入了解了凉茶的起源、制作工艺和药用价值。这次研学让我们对凉茶有了更深入的了解和认识，也为我们提供了一次难得的非物质文化遗产体验，让我们有信心、有动力做好非物质文化遗产的保护使者。

2.阅读思考

假如你的北方朋友来到广东做客，向你询问广东的特色饮品，你会怎样向你的朋友推荐广东凉茶？
（提示：说明凉茶的历史、功效、品牌等。）

第九节　南国风筝

在这次活动中，你将有机会了解风筝文化、亲自动手制作风筝。这次活动能够激发你对中华传统文化的兴趣，培养你的创造力。

一、研学目标

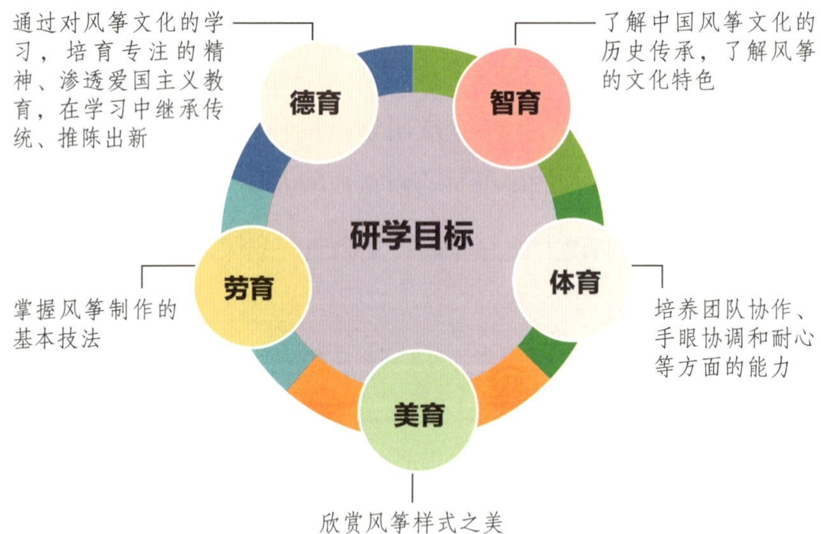

二、研学探究

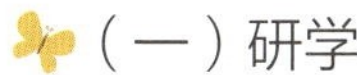

（一）研学

情景感知：风筝世界的奇妙之旅

嗨，小朋友们！让我们一起开始非物质文化遗产世界的奇妙之旅吧！那里有许多有趣的故事和传统！我们会学到很多关于风筝的知识，它们反映了祖祖辈辈的智慧呢！

1.历史小侦查

在这个环节需要小朋友们了解中国风筝文化的历史背景。

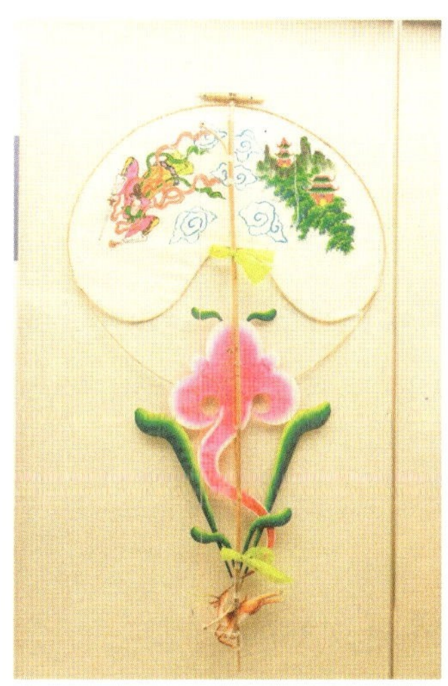

风筝

风筝起源于中国，已有两千多年的历史，相传最早的风筝是由古代哲学家墨翟制造的。阳江是南国风筝之乡，阳江风筝是广东地区传统手工艺品之一。

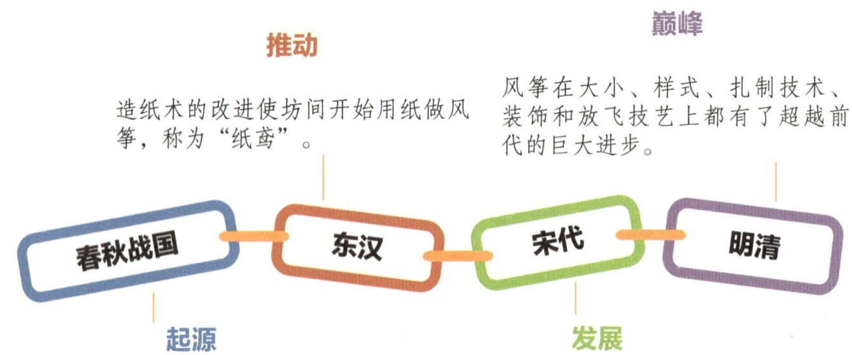

广东阳江扎制的风筝种类繁多、造型美观、技术精巧、栩栩如生，不但放飞效果良好，而且形神兼备，具有极高的实用价值、欣赏价值和收藏价值，在全国风筝比赛中多次名列前茅。2006年，风筝制作技艺被批准列入第一批国家级非物质文化遗产名录。

2.独特小发现

让我们用敏锐的观察力来发现南北风筝的异同吧。

北方的风刚烈，因此风筝多为硬翅风筝，样式多为扎燕风筝，代表产区是北京和潍坊。

南方的风温和，因此风筝多为软翅风筝，样式多以花、鸟、虫、鱼、兽等以及神话、故事、戏曲、小说中的人物为主题，代表产区是阳江。

北方风筝

南方风筝

内涵理解：发现风筝文化的精彩

在遨游过风筝历史的知识海洋后，我们将要跳进南国风筝的奇妙世界，看看它背后的故事、珍贵的价值和有趣的寓意。让我们一起展开想象力的翅膀，感受非物质文化遗产的无限精彩吧！

1.文化守护者

想想风筝为什么重要，我们为什么要保护它？

风筝不仅是美丽的艺术品，还蕴藏着中国丰富的历史文化。风筝是中国非物质文化遗产的一部分，代表了我们民族的智慧和创造力。通过风筝，我们可以了解中国的传统节庆、吉祥寓意以及丰富的民间故事。

学生体验

我们要珍惜并传承这一非物质文化遗产，因为它让我们更了解自己的文化。通过学习风筝文化，我们可以提高文化自信和民族自豪感，让这一传统艺术在现代社会中继续传承下去。

2.心灵小窗户

对学习风筝文化你有什么感受和想法呢？

学生体验

罗同学说：“以前风筝都是自己扎制的玩具，现在大部分由工厂生产并且有了商业价值。风筝各种大小都有，大的比人都大，小的比手心还小。”

杨同学说：“阳江风筝曾经在潍坊风筝比赛中获得过很多冠军，我还知道阳江风筝中最有名的‘灵芝风筝’被评选为‘世界十绝风筝’之一。制作风筝有扎、糊、绘、放四个步骤，风筝高手放飞风筝的技巧十分讲究。”

“灵芝风筝”样例

特征探究：风筝秘密的小侦探

让我们一起探究风筝的制作特点，揭开它的神秘面纱。在这个过程中你也将成为一名小小手艺人，亲手制作一个属于你自己的风筝。

在制作风筝时，需要用到一些工具，如纸张、木棍、剪刀、胶水、彩笔、风筝线轮。在风筝的纹样设计上，小朋友们可以发挥自己的想象力画上自己喜欢的纹样，设计独一无二的风筝。

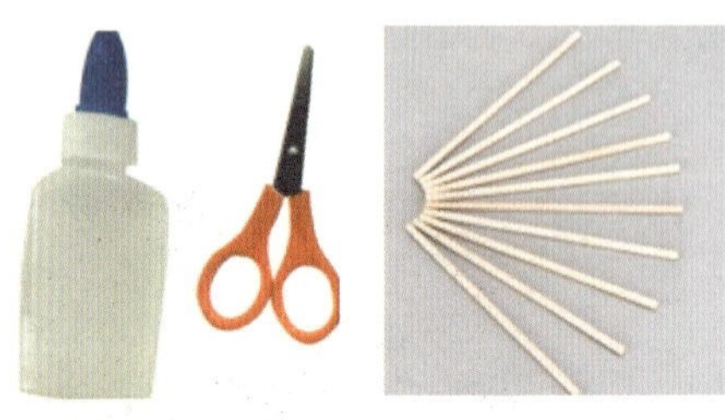

制作风筝所需工具

风筝的制作步骤

1.设计风筝	在纸上画出你的风筝设计。需要考虑风筝的形状、颜色和装饰，可以选择心形、菱形、六边形等形状
2.制作框架	根据设计，使用竹子、木棍或塑料管制作风筝的框架
3.裁剪纸张	根据框架的形状，将纸张裁剪成适当的大小，并粘贴在框架上
4.装饰风筝	使用彩笔、颜料和装饰品为风筝增添个性。你可以在风筝上绘制图案、花纹或添加任何你喜欢的设计
5.连接线轮	将风筝线轮的绳子系在风筝的底部
6.风筝测试	带着你的风筝去户外，找一个没有障碍物的开阔场地。拉紧线轮，迎着风尝试放风筝。学会通过控制线轮来调整风筝的高度和方向

学生体验

（二）创新

制品创作：做个小小设计师

准备好展示你的创造力了吗？我们要用所学的知识去创作我们的文化作品！无论是画画、做手工还是写故事，我们一起来尝试各种形式，成为小小设计师吧！

李同学制作了一个三角风筝，为了制作这个风筝作品，他用了预制风筝骨架、彩笔、线轮、胶水等工具。他十分开心自己亲手做的风筝能够飞上天空。

学生风筝作品

他的制作步骤，共四步：

准备预制风筝骨架

在风筝上绘制自己喜欢的纹样

将风筝线轮连接到风筝上

到户外放飞风筝进行测试

传播推广：分享风筝之美

现在，让我们向大家展示我们所学的风筝文化吧，成为非物质文化遗产小使者，和家人、朋友、同学一起分享这些美好的文化！

1.小小文化大师

在学校的家长开放日活动中，小刘和小胡两位同学用心设计了相声表演《一张风筝邮票》，让大家在开怀大笑的同时，也学到了许多风筝知识。

学生的风筝题材相声节目

2.小小活动策划

在华南师大附小的家长开放日活动中，老师和同学们一起制作了许多精美的风筝文化作品，并通过布置教室墙面和黑板向更多的人宣传和介绍南国风筝。此外，同学们还准备了许多与风筝有关的节目，尽最大的努力将这一传统文化发扬光大。

风筝艺术展现场

（三）研学反思

自我反思：我们的风筝故事

太棒了，小伙伴们！在这段风筝之旅里，你们一定学到了很多。现在，让我们一起来看看同学们是如何回顾这段美好时光的吧！

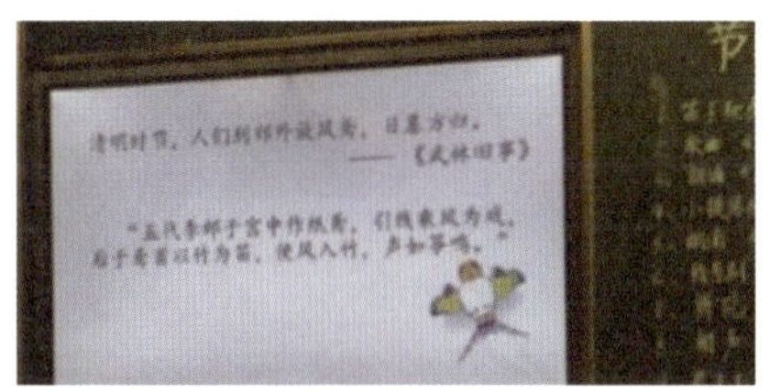

学生分享

罗同学说：“南国风筝非常精致，有着各式各样的纹样，体现着岭南画派的创作风格。它的文化也非常古老，风筝是我们中华传统文化的一部分，而阳江风筝更是我们南国风筝的代表。”

三、总结思考

1.研学总结

在这个有趣的研学活动中，我们一起探索了风筝的神奇世界。通过一系列活动，我们更深入地了解了风筝的历史、特点、制作过程以及文化价值。

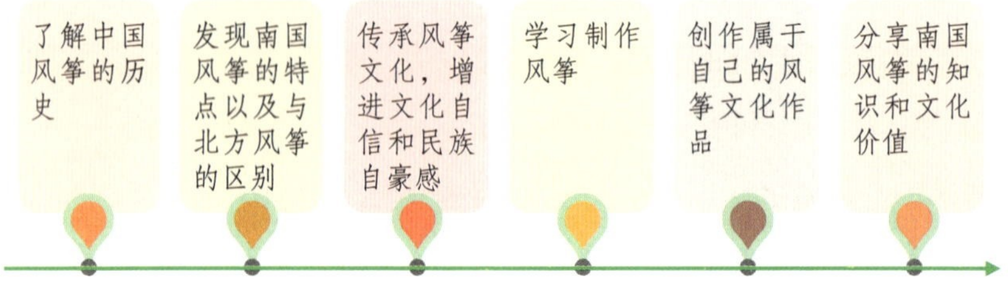

经历了整个研学过程，相信我们每个人都可以承担起传承非物质文化遗产的责任，让非物质文化遗产继续传承。这样，中华民族的经典文化能延续下去，同时也让全世界的人们感受到中华传统文化的魅力。

2.阅读思考

在菱形风筝的骨架中，为什么中间还要做一个十字骨架？这当中运用了什么数学知识？

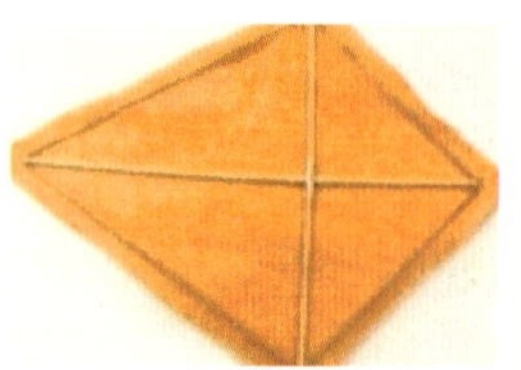

第十节　汉服文化

在这次活动中，你将有机会了解中国传统汉服文化、亲自设计汉服相关作品。这次活动能够激发你对中华传统文化的兴趣，培养你的创造力。

一、研学目标

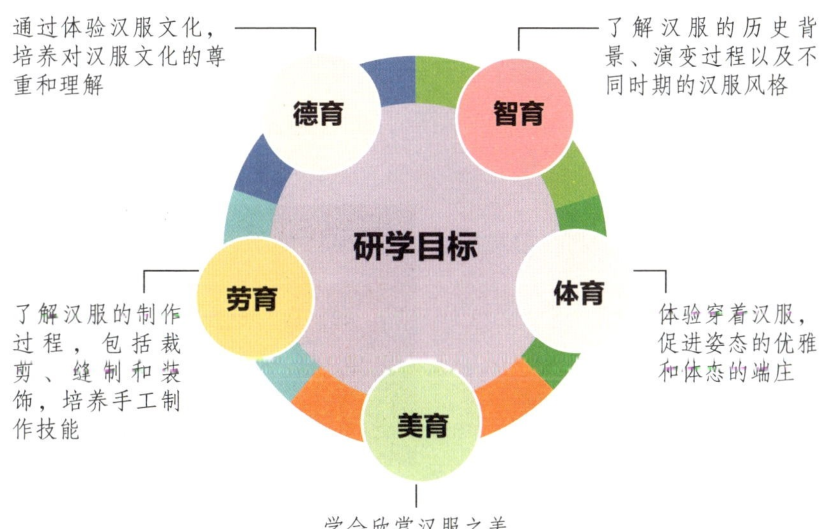

二、研学探究

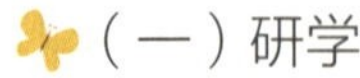

（一）研学

情景感知：汉服世界的奇妙之旅

嗨，小朋友们！让我们一起开始非物质文化遗产世界的奇妙之旅吧！那里有许多有趣的故事和传统！我们会学到很多关于汉服的知识，它们反映了祖祖辈辈的智慧呢！

1.历史小侦查

在这个环节小朋友们将会了解汉服的历史背景。

汉服，是汉民族的传统服饰，又称衣冠、衣裳、汉装。汉服是以华夏礼仪文化为中心，通过自然演变而形成的、带有独特的汉民族风貌性格的、明显区别于其他民族的传统服装和配饰体系。汉服是从“黄帝、尧、舜垂衣裳而天下治”的衣裳发展而来，承载了中国的染、织、绣等杰出工艺和美学，传承了30多项中国非物质文化遗产以及受保护的中国工艺美术。

传统汉服样例

秦汉时期制定了完善的衣冠制度，形成了汉服。此时的汉服偏向于凝重、典雅的风格

流行

汉服样式越来越多，分为了法服和常服

由于各国之间文化、政治、思想和经济上的不同，再加上百家学说的影响，这个时期衣裳的款式出现了明显的差异

各民族服饰风格相互影响、相互吸收、渐趋融合，此时的服装以自然洒脱、清秀空疏为特点

明朝时期，上承宋制汉服以及蒙古服饰的影响，明朝妇女服装款式非常复杂多样，并大大影响了周边国家的服饰穿着

2.独特小发现

让我们用敏锐的观察力来发现不同朝代汉服的特点以及异同吧。

秦汉时期的汉服特点：秦汉男女服装沿袭深衣形式。汉代女子常见的服饰为上着襦、下着长裙。

秦汉时期的汉服

唐代汉服的特点：在隋代及初唐时期，妇女的短衫为小袖，下着紧身长裙，裙腰高系，有的甚至系在腋

下，并以丝带系扎，给人一种俏丽修长的感觉。中唐时期的衫裙比初唐的较宽阔一些，其他无太大变化。

宋代汉服的特点：宋代是一个社会文化非常繁荣的时代，并且重文气质浓郁，因此服饰设计的风格更加婉约，带有一种若隐若现的诗书气质。宋代服饰的形制大体上承袭了唐代的一些典型形制，但是在具体的搭配上，会比唐代的服饰更加注重层次感，叠穿成为宋代女子的一种潮流。

唐代汉服（左）和宋代汉服（右）

内涵理解：发现汉服的精彩

在遨游过汉服历史的知识海洋后，我们将跳进汉服文化的奇妙世界，看看它背后的故事、珍贵的价值和有趣的寓意。让我们一起展开想象力的翅膀，感受非物质文化遗产的无限精彩吧！

1.文化守护者

想想汉服为什么重要，我们为什么要保护它？

汉服是中华民族传统文化的重要载体，演绎着中华传统的审美意蕴和中国古代的传统美学思想。汉服作为民族精神的象征，对华夏文明的传承有着极为重大的意义。

从古至今，汉服的风格千变万化，但汉服的基本样式却始终如一。汉服形制的传承，是中华文化延续的见证。

汉服表现出的柔和、恬静、从容的民族特色，能让我们更好地感悟人与自然和平共处、超然于世、大方仁慈的生活境界。

2.心灵小窗户

你对学习汉服文化有什么感受和想法呢？

汉服是一个系统完整的服饰体系，有六大基本元素：平面结构、五行五色、交领右衽、绳带系结、上衣下裳和宽袍大袖。汉服的六大基本元素完美地谱写着中华传统文化中“天人合一”“阴阳五行”“俭以养德”“中和之美”等形制内涵。

冯同学说：“学习汉服文化，让我更加深刻地了解了中华民族的历史变迁，意识到了其所包含的文化内涵。汉服承载了中国的染、织、绣等杰出工艺和美学。汉服的纹饰、颜色、款式等处处都是学问，细节更见中华传统文化的博大精深。”

学生体验

特征探究：汉服秘密的小侦探

让我们一起探究汉服的设计特点，揭开它的神秘面纱。在这个过程中你也将成为一名小小手艺人，亲手制作一个属于你自己的汉服文化作品。

在制作汉服文化作品时，我们会用到一些工具，如剪刀、彩笔、胶水和纸张。不同材质和颜色的纸张会创造出不同的效果。用彩笔在纸上绘制出各种有趣的图案，图案可以贴合朝代的特征进行创作。

制作汉服文化作品所需工具

汉服文化作品的制作步骤

1.形状绘制和剪切	在纸上绘制汉服的形状，并用剪刀把它剪下来
2.图案设计	在汉服的不同部分涂上喜欢的颜色，或者画上喜欢的图案。如果你是初学者，可以从简单的图案开始
3.拼装	将不同的部分粘贴起来
4.展示和保护	完成设计作品后，你可以将其放在画框中展示，或者用透明胶纸覆盖以保护作品

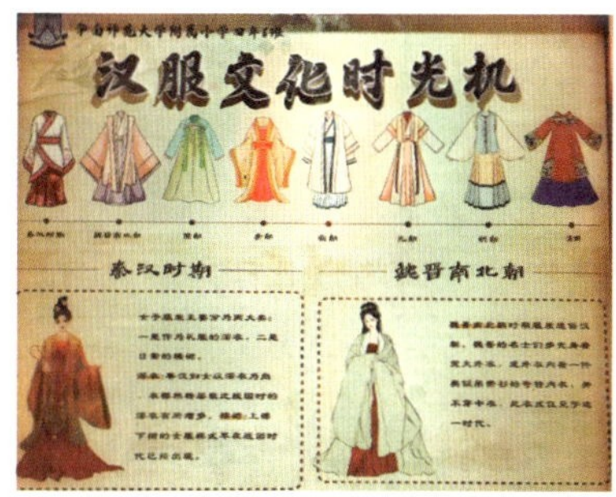

学生汉服设计作品

（二）创新

制品创作：做个小小设计师

准备好展示你的创造力了吗？用我们所学的知识去创作自己的汉服文化作品吧！无论是画画、做手工还是写故事，我们一起来尝试各种形式，成为小小设计师吧！

阮同学根据所学的汉服文化知识绘制了汉服手抄报，在里面撰写了他的汉服故事。故事讲述了一个小男孩在图书馆偶然发现了一本古老的书籍，书名是《千年汉服传奇》，在阅读书籍后，小男孩穿越到了古代，亲身体会了汉服的魅力，回到现实后，小男孩决定自己制作一套汉服。他找到一位懂得裁剪和缝纫的亲戚，向他请教如何制作汉服。他买来丝绸、彩线和珠宝，开始了制作过程。经过数周的辛勤努力，他终于制作完成了一套华美的汉服。

阮同学的第二幅创意作品融合了剪纸文化和汉服文化。他使用了刻刀、垫板、彩纸、打印机、白乳胶、尺子等工具。

学生创意作品

他的制作步骤一共四步：

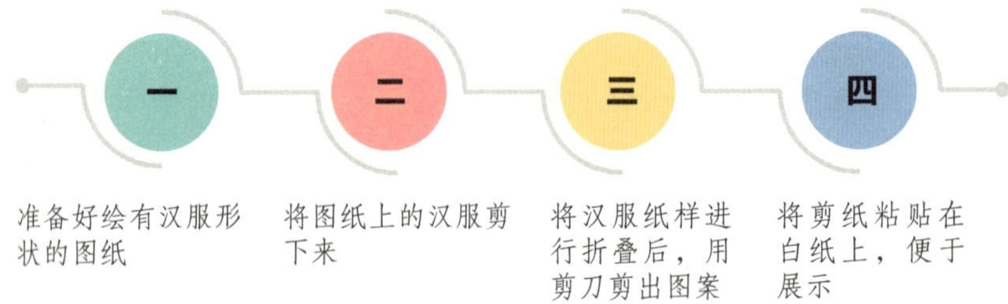

传播推广：分享汉服之美

现在，让我们向大家展示我们所学的汉服文化吧，成为非物质文化遗产小使者，和家人、朋友、同学一起分享这些美好的文化！

1.小小文化大师

在学校的非物质文化遗产作品展示中，肖同学绘制了自己设计的汉服，与同学分享了自己心目中汉服。陈同学穿上自己喜欢的汉服，向同学们展示了如何正确穿着汉服。

学生穿上自己喜欢的汉服

2.小小活动策划

在华南师大附小的家长开放日活动中，老师和同学们一起用纸制作了不同朝代的汉服作品，并通过巨幅展板向更多的人宣传和介绍中国传统的汉服文化，同时，还举办了汉服走秀，让大家直观地感受到汉服的美丽，体会了不同时期汉服的特点，尽最大的努力将这一传统文化发扬光大。

汉服文化展现场

（三）研学反思

自我反思：我们的汉服故事

太棒了，小伙伴们！在这段汉服文化之旅里，你们一定学到了很多。现在，让我们一起来看看同学们是如何回顾这段美好时光的吧！

郑同学说：“汉服礼仪是中国汉服文化中的重要组成部分，它强调了尊重、谦逊和尊严。学习汉服礼仪让我体验到古代文化的魅力，也提醒我在现代社会中保持一种古老而有价值的态度。学习汉服礼仪让我领略到中华传统文化的深厚内涵。”

学生体验汉服礼仪

三、总结思考

1.研学总结

在这个有趣的研学活动中，我们一起探索了汉服的神奇世界，更深入地了解了汉服的历史、特点、穿着过程以及文化价值，收获真大！

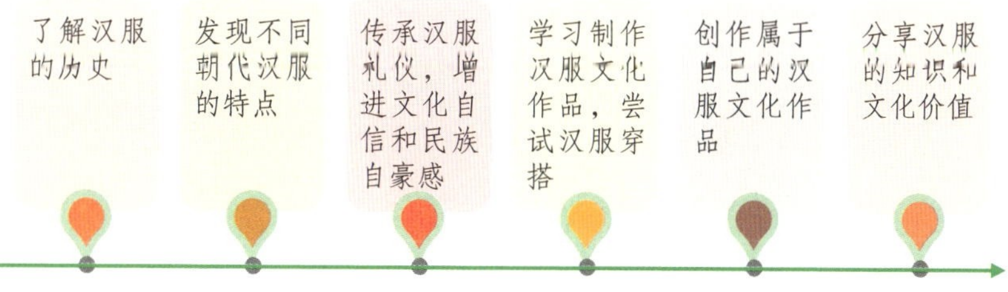

经历了整个研学过程，我们深入了解了中国传统服饰的精髓，体验了古代文化的魅力。这个过程不仅是一次知识的积累，更是一次文化传承的体验。我们每个人都肩负着传承非物质文化遗产的责任，将所学、所感传递给他人，让更多人了解和尊重中华传统文化。

2.阅读思考

观看下面的手绘汉服，它属于什么款式，有什么特点，可能属于哪个朝代？ 
若想制作一件齐腰襦裙，需要一段宽度为1.2米的面料。如果你计划制作一件长为2米的齐腰襦裙，你需要多少平方米的面料来完成这个项目？请进行计算。

第十一节　广州榄雕

在这次活动中，你将会了解榄雕文化、亲自动手设计榄雕作品。参加这次活动能激发你对中华传统文化的兴趣，培养你的创造力。

一、研学目标

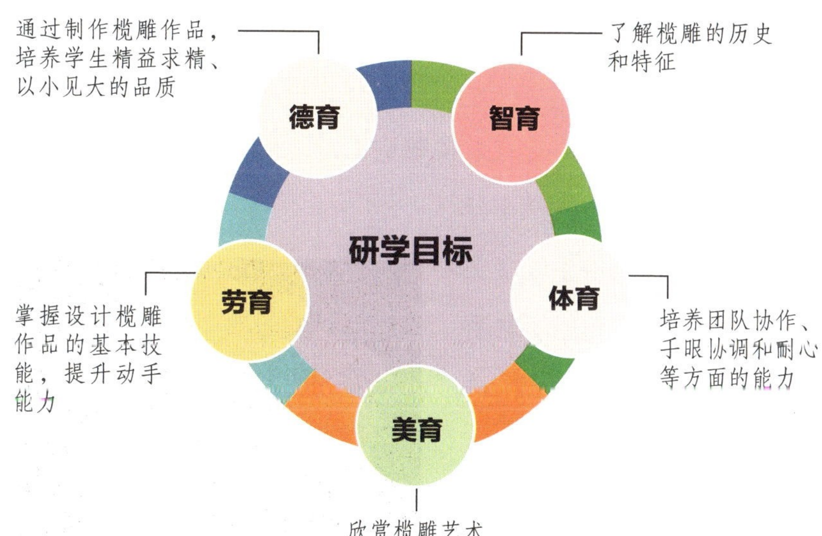

二、研学探究

（一）研学

情景感知：榄雕世界的奇妙之旅

嗨，小朋友们！让我们一起开始非物质文化遗产世界的奇妙之旅吧！那里有许多有趣的故事和传统！我们会学到很多关于广州榄雕的知识，它们反映了祖祖辈辈的智慧呢！

1.历史小侦查

在这个环节需要小朋友们了解榄雕的历史背景。

榄雕起源于广州增城新塘镇，在明代就已经很流行了，而且达到了很高的艺术水平。明代僧人曾将榄雕船送给香客，以示“普渡”之意。到了清代，榄雕更是成为历年的贡品，其中最为出名的作品是清代咸丰年间新塘老艺人湛谷生的《苏东坡夜游赤壁》花船，被称为雕刻之王。现代的榄雕作品继承传统，运用了镂雕、浮雕、圆雕、微雕等手法创作，作品小巧玲珑又精美。

广州榄雕样例

推动

这一时期，广州榄雕不仅在民间流行，而且成为贡品，进入了宫廷

广州增城一带盛产乌榄，其核大仁小，适合雕刻，因此孕育了广州榄雕这门民间手工艺

广州榄雕重新恢复生产，艺人们创作出了中华人民共和国成立后的第一批榄雕作品

2.独特小发现

让我们用敏锐的观察力来发现广州榄雕的特点吧。

广州榄雕有什么特点呢？首先，它选用的材料是乌榄的橄榄核，这种核很适被雕刻成各种形状。其次，广州榄雕的雕刻技艺很精湛，使用了多种技法，如浮雕、圆雕、镂雕等。最后，广州榄雕的地域特色也很鲜明，作为岭南地区的传统手工艺品，其作品常常体现出岭南文化的特点，如细腻、精致、注重细

广州榄雕样例

节等。

内涵理解：发现榄雕的精彩

在遨游过榄雕历史的知识海洋后，我们将要跳进广州榄雕的奇妙世界，看看它背后的故事、珍贵的价值和有趣的寓意。让我们一起展开想象力的翅膀，感受非物质文化遗产的无限精彩吧！

1.文化守护者

想想榄雕为什么重要，我们为什么要保护它？

榄雕具有独特的造型和图案，展现出精湛的雕刻技艺和艺术创造力，是中华民族传统艺术的重要组成部分。

学生体验

榄雕文化很有趣，它身上有着很多历史文化的影子，如岭南文化、民俗风情等。通过传承和发扬榄雕文化，我们可以更好地了解和传承中华民族的历史和文化。

2.心灵小窗户

你对学习广州榄雕文化有什么感受和想法呢？

广州榄雕文化是中华传统文化的重要组成部分，具有深远的历史意义和独特的艺术魅力。

梁同学说："橄榄核小小一个， 却能被雕刻得栩栩如生，证明手艺人花费了大量的时间和精力，制作过程中也容易磕坏，所以制作榄雕需要耐心。"

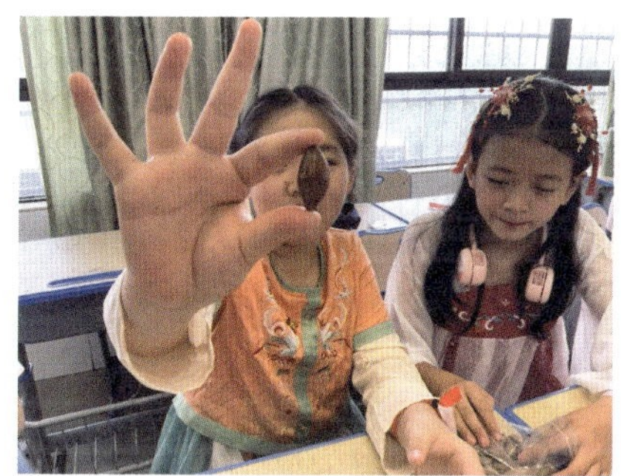

学生体验

吴同学说："广州榄雕十分有趣，让我体会到了非遗的魅力所在，也让我感悟到做事要沉下心来。"

特征探究：榄雕秘密的小侦探

让我们一起探究广州榄雕的制作特点，揭开它的神秘面纱。在这个过程中你也将成为一名小小手艺人，亲手设计一个属于你自己的榄雕文化作品。

在设计制作榄雕文化作品时，需要用到一些工具，如刻刀、铅笔、砂纸等。不同的设计可以刻制出不同的榄雕作品。

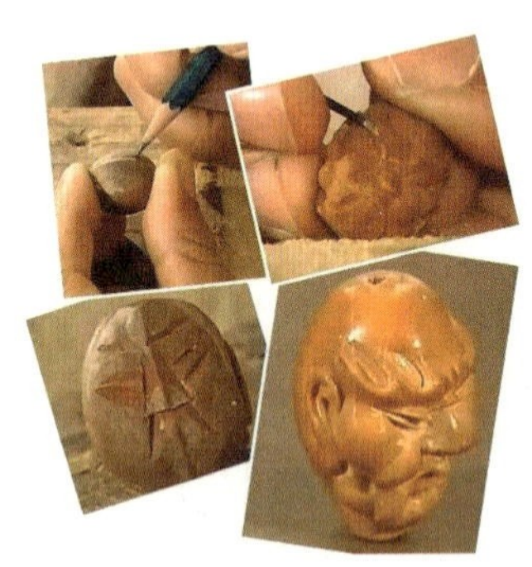

制作榄雕文化作品所需工具

广州榄雕文化作品设计步骤

1.选择图案	选取各种生动形象的图案和造型，如人物、动物、花卉等。如果你是初学者，可以从简单的图案开始
2.绘制图案	用铅笔绘制图案轮廓
3.展示和保护	完成榄雕文化作品后，你可以将其进行展示

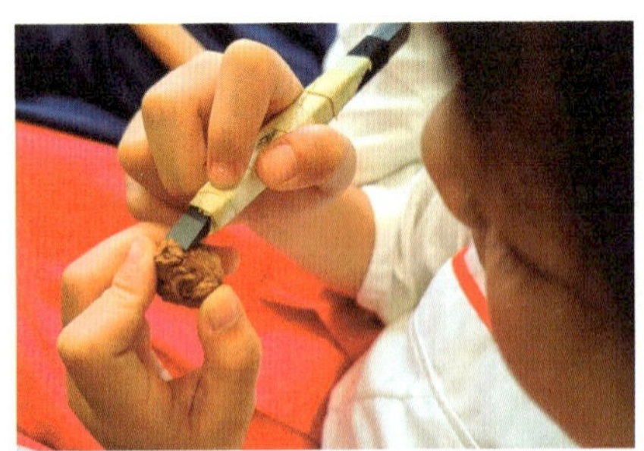

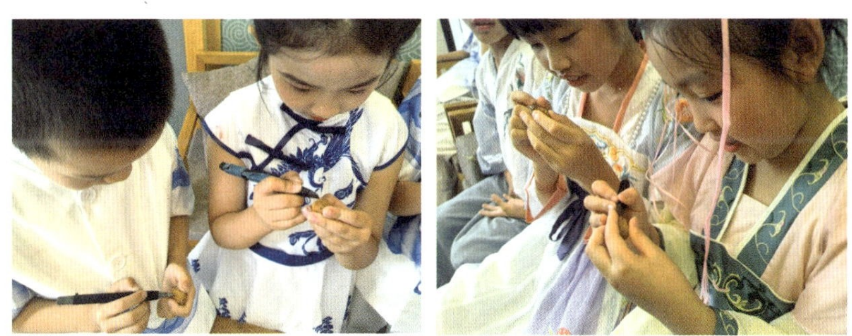

学生体验榄雕制作

（二）创新

制品创作：做个小小设计师

准备好展示你的创造力了吗？我们要用所学的知识去创作我们的文化作品！无论是画画、做手工还是写故事，我们一起来尝试各种形式，成为小小设计师吧！

梁同学以树叶为材料进行构图与雕刻，在制作过程中，她使用了纸、笔和小刀等工具。

她的制作步骤一共三步：

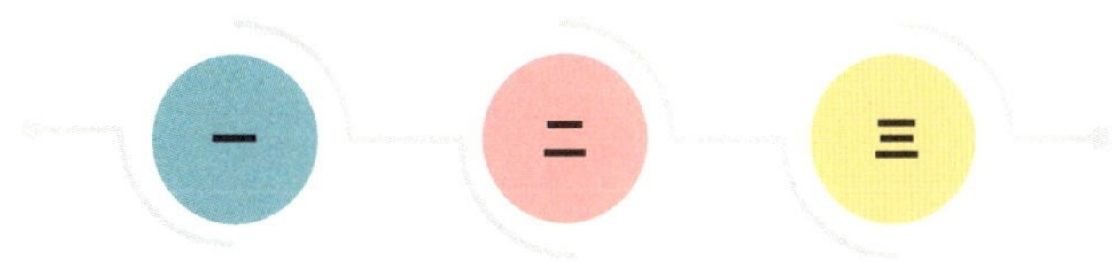

一、准备好工具并寻找形状合适的树叶

二、用铅笔在树叶上绘制图案

三、用小刀根据铅笔绘制的轮廓进行雕刻

传播推广：分享榄雕之美

现在，让我们向大家展示我们所学的广州榄雕文化吧，成为非物质文化遗产小使者，和家人、朋友、同学一起分享这些美好的文化！

1.小小文化大师

在非物质文化遗产活动解说中，郑同学通过展板的形式向大家介绍广州榄雕。她在网上搜集了大量的资料，从榄雕的历史、作用等方面向大家介绍，并将榄雕的设计图稿与同学们分享。

榄雕文化活动现场

2.小小活动策划

在华南师大附小的家长开放日活动中，老师和同学们一起策划了广州榄雕文化活动，将教室分为展示区、品尝区、比赛区……让来参观的同学可以全面地了解广州榄雕，尽最大的努力将这一传统文化发扬光大。

（三）研学反思

自我反思：我们的榄雕故事

太棒了，小伙伴们！在这段广州榄雕之旅里，你们一定学到了很多。现在，让我们一起来看看同学们是如何回顾这段美好时光的吧！

郑同学说：“广州榄雕的活动是非常有意义的，通过这种开放日活动，不仅增进了亲子关系、班级的团结协作能力，还让我对于榄雕文化有了更深的了解，也让我深刻认识到了文化传承的重要性与迫切性。我希望在未来能有更多人自发地去保护、传承我们的非物质文化遗产。”

学生观看大师取榄及榄雕制作过程

三、总结思考

1.研学总结

在这个有趣的研学活动中，我们一起探索了广州榄雕的神奇世界。通过一系列活动，我们更深入地了解了广州榄雕的历史、特点、设计过程以及文化价值。

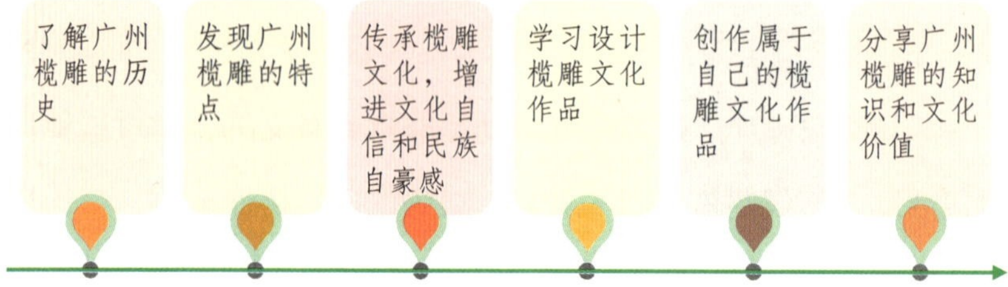

参加完这次学习之旅后，我们都变得更棒了，有能力去传播我们国家的非物质文化遗产。这样这些美好的东西就可以流传下来，让我们中国的优秀传统文化永不消失，还能让世界上其他地方的小朋友们看到中华传统文化有多精彩！

2.阅读思考

在《核舟记》中细致描写了一件微雕工艺品“核舟”的形象，请查阅原文内容，按照一定的比例绘制出该微雕作品的设计图。

第十二节　青花瓷艺术

在这次活动中，你将有机会了解青花瓷艺术、亲自动手制作青花瓷手链。这次活动能够激发你对中华传统文化的兴趣，培养你的创造力。

一、研学目标

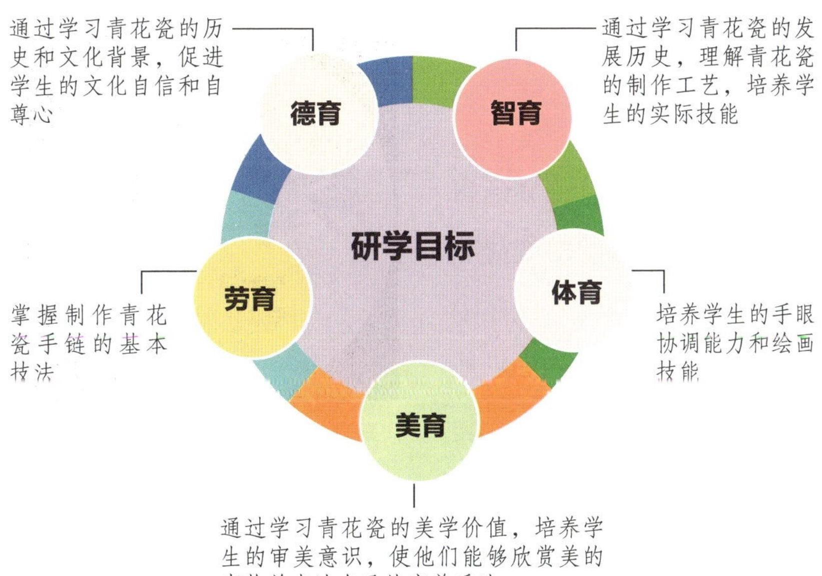

二、研学探究

（一）研学

情景感知：青花瓷世界的奇妙之旅

嗨，小朋友们！让我们一起开始非物质文化遗产世界的奇妙之旅吧！那里有许多有趣的故事和传统！我们会学到很多关于青花瓷的知识，它们反映了祖祖辈辈的智慧呢！

1.历史小侦查

在这个环节需要小朋友们了解青花瓷的历史背景。

青花是一种很特殊的绘画方式，它可以把美丽的蓝色花纹画在陶瓷上。青花瓷的历史久远，可以追溯到唐朝，在明朝和清朝时变得非常受欢迎。青花瓷不仅在中国传统陶瓷中占有重要地位，还对世界陶瓷制作和装饰产生了深远的影响。

传统青花图案

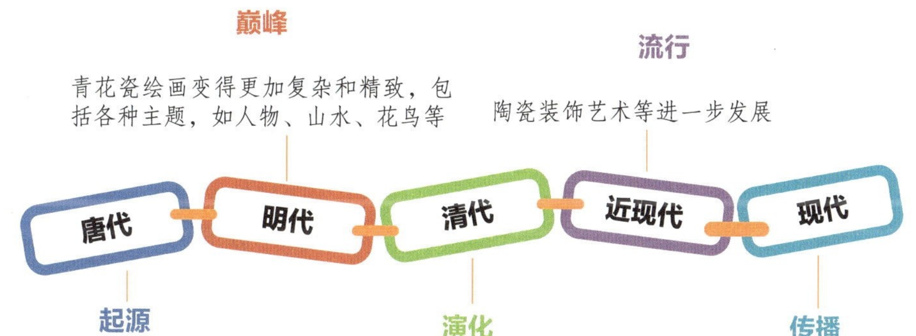

2.独特小发现

让我们用敏锐的观察力来发现不同时代的青花瓷的特点吧。

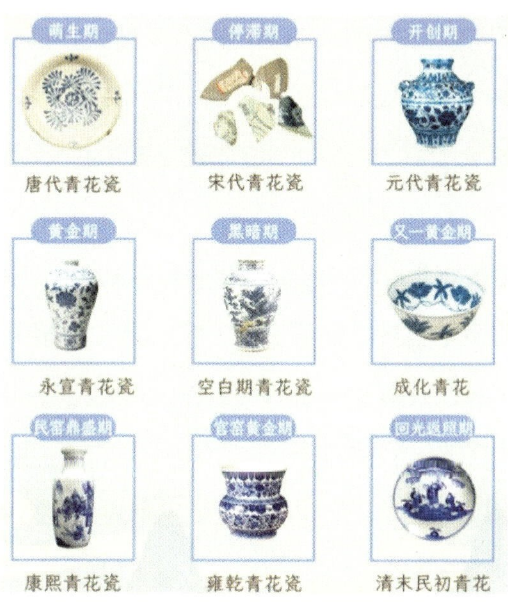

不同时代的青花瓷

我发现，青花瓷上的每个图案都是不同的，千姿百态，无一相同。而且如果青花瓷配红线做成手链时，那会形成强烈的对比色，使人感到一种柔中带刚的气质。如果用的是蓝线，那会形成一种更加浓烈的相似色，会让你全身上下都散发着一种古雅的气息在青花瓷上，通常都是印着一些闲云野鹤(或是这样的)，和小桥流水、鲜花野草什么的，而且全是天青色、宝蓝色等冷色。估计是因为白色的瓷器，衬上青蓝的静谧生活，会特别有古雅的气氛吧，所以人们就将这些东西印在了上面。

学生的发现

青花瓷的独特之处：以白瓷为底，采用深蓝色（通常是氧化钴的蓝色）的颜料绘制精美图案。图案多样，包括花卉、自然景物、神话故事等，富有东方文化特色和审美价值。

内涵探究：发现青花瓷的精彩

在遨游过青花瓷历史的知识海洋后，我们将要跳进青花瓷的奇妙世界，看看它背后的故事、珍贵的价值和有趣的寓意。让我们一起展开想象力的翅膀，感受非物质文化遗产的无限精彩吧！

1.文化守护者

想想青花瓷为什么重要，我们为什么要保护它？

首先，青花瓷承载着中国悠久的陶瓷传统，保护它有助于传承文化遗产，延续历史。

其次，青花瓷有着精湛的工艺和独特美感，是世界陶瓷艺术的珍贵代表，值得珍视和保护。

最后，青花瓷也具有很高的经济价值，对文化产业和旅游产业有重要贡献，维护了陶瓷制作的工匠传统。

学生作品

博物馆中的青花瓷

2.心灵小窗户

你对学习青花瓷文化有什么感受和想法呢？

王同学认为：青花瓷诞生对艺术界来说是非常大的进步。青花瓷既美观又实用，既能做成珠子串成美丽的手链，又能作为花瓶或瓷碗盛东西，可以为单调又杂乱的家带来文化气息。

青花瓷碗

李同学通过学习青花瓷知识，感受到了中华传统文化的独特魅力和艺术价值，也进一步体会到了中华传统文化的重要性。

特征探究：青花瓷秘密的小侦探

让我们一起探究青花瓷的制作特点，揭开它的神秘面纱。在这个过程中你也将成为一名小小手艺人，亲手制作一个属于你自己的青花瓷作品。

制作青花瓷会用到毛笔、氧化钴蓝颜料和釉等工具。

制作青花瓷的步骤图

制作青花瓷的步骤

1.准备坯料	选取适当的陶瓷坯料，通常为白色的瓷坯
2.绘制图案	使用毛笔，以氧化钴蓝颜料绘制精细的图案，这是青花瓷的特色
3.烧制	将装饰好的瓷器放入窑中进行高温烧制
4.涂釉	在某些情况下，可以在彩绘后涂上透明釉，以保护和增加瓷器的光泽

青花瓷手串则是在制作出青花瓷珠后，利用绳子串起并打结形成的手串。

青花瓷手链

（二）创新

制品创作：做个小小设计师

准备好展示你的创造力了吗？我们要用所学的知识去创作我们的文化作品！无论是画画、做手工还是写故事，我们一起来尝试各种形式，成为小小设计师吧！

王同学设计了精美的青花瓷手串，她考虑到了不同的珠子有不同的绳子打结方式，并且绘制出了生动形象的流程图。

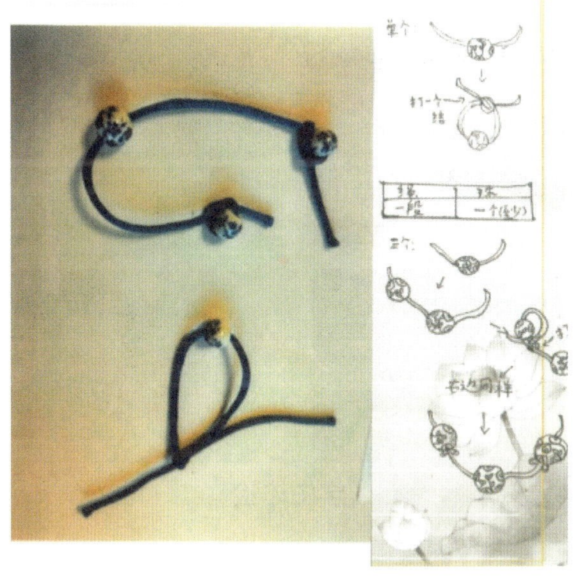

学生作品

传播推广：分享青花瓷之美

现在，让我们向大家展示我们所制作的青花瓷吧，成为非物质文化遗产小使者，和家人、朋友、同学一起分享这些美好的文化！

1.小小文化大师

学生体验

2.小小活动策划

在课程的最后，学校举办了非物质文化遗产保护活动，其中青花瓷手串受到了大家的喜爱，同学们积极参加青花瓷知识有奖竞猜，希望获得青花瓷手串文创奖品。

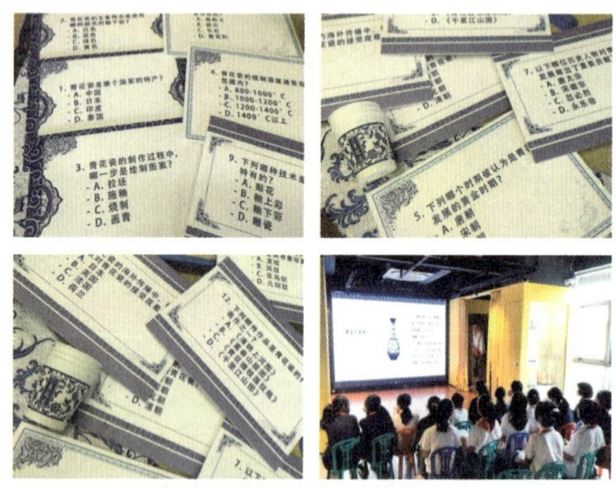

青花瓷知识竞猜活动

（三）研学反思

自我反思：我们的青花瓷故事

太棒了，小伙伴们！在这段青花瓷之旅里，你们一定学到了很多。现在，让我们一起来看看同学们是如何回顾这段美好时光的吧！

学生表演

王同学说："学习青花瓷知识的过程中，我最大的感受是它有着非常长的历史，中间发生过很多有趣的故事。另外，我还学会了一门新的技能，那就是用两种不同的方法来穿青花瓷珠子。不过一开始我有点分不清那些珠子上面是什么图案，但是最终我还是找到了解决的办法，成功地完成了我的作品。"

三、总结思考

1.研学总结

在这个有趣的研学活动中，我们一起探索了青花瓷的神奇世界。通过一系列活动，我们更深入地了解了青花瓷的历史、特点、制作过程以及文化价值。

经过这次的学习之旅，我们都变得更加自信，相信我们可以担当起保护和传承非物质文化遗产的责任。这样做可以让非物质文化遗产永远流传下去，也能让全世界感受到中华传统文化的魅力。

2.阅读思考

色彩在视觉的知觉体验外，也被人赋予了文化寓意。例如，孔子曰："恶紫之夺朱也，恶郑声之乱雅乐也。"战国时期的荀子言："青，取之于蓝，而青于蓝。"中华传统文化对青色情有独钟，青色也被称为"中国色"，请同学们思考：青色在古代和现代社会中有哪些应用？ （提示：影视剧中古人的服饰、古诗词中含有"青"的诗句、尝试用"青"字组词……）
我们能否用现代技术和材料来创造青花瓷的现代版本呢？写一写！

第三章

民间文化与民俗

第一节 周易文化

在这次活动中，你将有机会了解周易文化及其相关故事。这次活动能够激发你对中华传统文化的兴趣，培养你的创造力。

一、研学目标

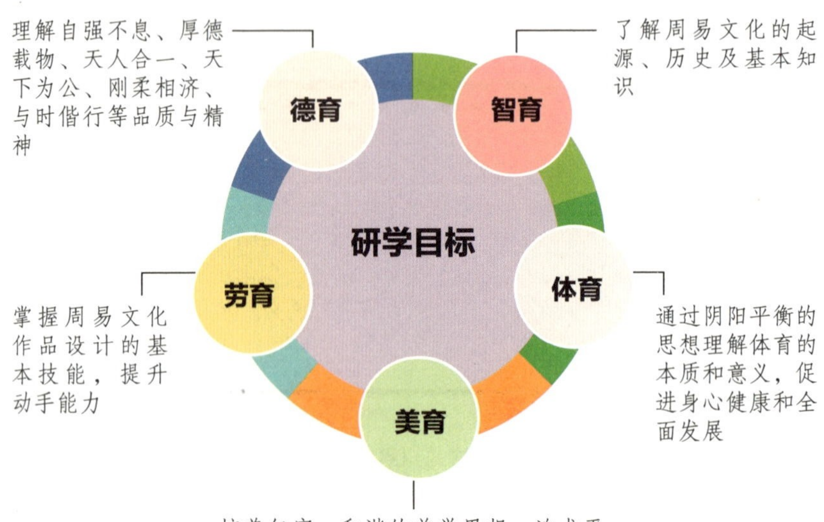

二、研学探究

（一）研学

情景感知：周易世界的奇妙之旅

嗨，小朋友们！让我们一起开始非物质文化遗产世界的奇妙之旅吧！那里有许多有趣的故事和传统！下面我们一起来学习关于周易文化的知识吧！

1.历史小侦查

在这个环节需要小朋友们了解周易文化的历史背景。

周易文化样例

周易文化是中国古代文化的重要组成部分，其历史背景可以追溯到古代中国的周朝时期。周朝是中国历史上的一个重要时期，也是文化繁荣的时期。在这个时期，周朝的智者们通过观察自然和人类行为，将宇宙的变化归纳为八卦和六十四卦，形成了《周易》的核心框架。随着时间的推移，《周易》成为一部包含哲学思想和道德观念的文化经典。

2.独特小发现

让我们用敏锐的观察力来发现周易文化的特点吧。

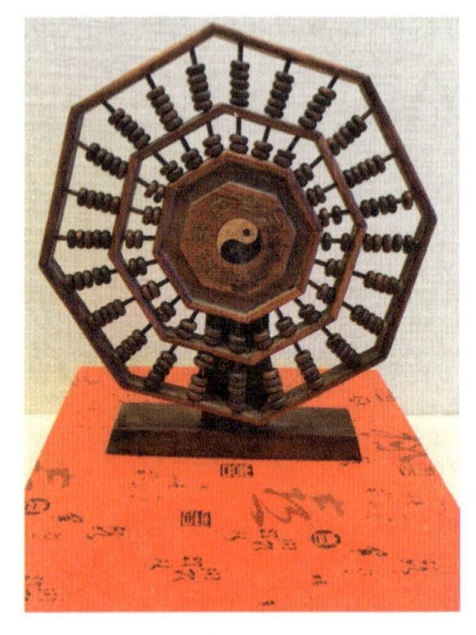
周易文化样例

周易文化的特点：周易文化以其独特的思想体系和理论特点，为人们提供了认识和理解自然、社会以及人类自身的思维方式和工具。周易文化以阴阳五行为理论基础，强调天命观念，强调对立性和普遍性，体现了深刻的文化内涵和哲学思想。

内涵理解：发现周易文化的精彩

在遨游过周易历史的知识海洋后，让我们一起进入周易文化的奇妙世界，看看它背后的故事、珍贵的价值和有趣的寓意吧！

1.文化守护者

想想周易文化为什么重要，我们为什么要保护它？

周易文化中蕴含着丰富的民族精神，如自强不息、厚德载物、中庸、和谐等价值观念，对于促进个人修养和社会和谐有着重要的指导作用。保护周易文化能够弘扬民族精神，增强民族凝聚力和自豪感。

学生体验

周易文化是中华民族历史文化的瑰宝，体现了我国深厚的历史底蕴和文化积淀。保护周易文化就是保护中华民族历史文化的根基，也是传承和弘扬中国文化的必要举措。

学生体验

在生活中，有很多地方我们可以用到“和谐”的理念，比如人与自然和谐相处就是运用“和谐”理念。

2.心灵小窗户

你对学习周易文化有什么感受和想法呢？

周易文化具有极高的历史和文化价值，它不仅是中国古代哲学的瑰宝，也是人类智慧的结晶。

冯同学说：“在学习周易文化的过程中我知道了‘天行健，君子以自强不息；地势坤，君子以厚德载物’的意思，它说的是世界很公平，想要有所成就，就得付出足够的努力，循序渐进，终究可以抵达终点。”

陈同学说：“在学习周易文化的过程中我了解了《易经》被誉为诸经之首，包罗万象，是中华传统文化的重要组成部分。其内容涉及哲学、政治、文学、艺术、科学等诸多领域，是各家共同的经典。”

特征探究：周易文化秘密的小侦探

让我们一起探究周易文化作品的制作特点，揭开它的神秘面纱。在这个过程中你也将成为一名小小手艺人，亲手设计一个属于你的周易文化作品。

在制作周易文化作品时，需要用到一些工具，如木板、颜料和刷子。不同的色彩搭配可以创造出不同的效果。下面以制作鼎为例。

制作鼎所需工具（左：木板，右：刷子与颜料）

鼎的制作步骤

1.制作鼎	用切割好的木板制作一个简易鼎
2.绘制图案	用颜料对做好的鼎进行上色
3.展示和保护	完成作品后，你可以将其进行展示和保护

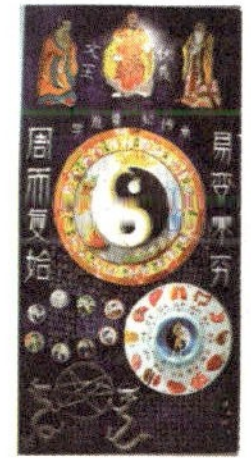

学生作品

（二）创新

制品创作：做个小小设计师

准备好展示你的创造力了吗？我们将用所学的知识去创作我们的文化作品！无论是画画、做手工还是写故事，我们一起来尝试各种形式，成为小小设计师吧！

卢同学对周易文化资料进行了搜集，以《易经》、北斗七星、太极、八卦等几个主题为框架制作了手抄报，并配上相应的文字素材。这个手抄报以江河为背景，突出了大河奔腾的感觉。他主要用到了A4纸数张和水彩笔、蜡笔等工具。

学生作品

他的制作步骤一共分为三步：

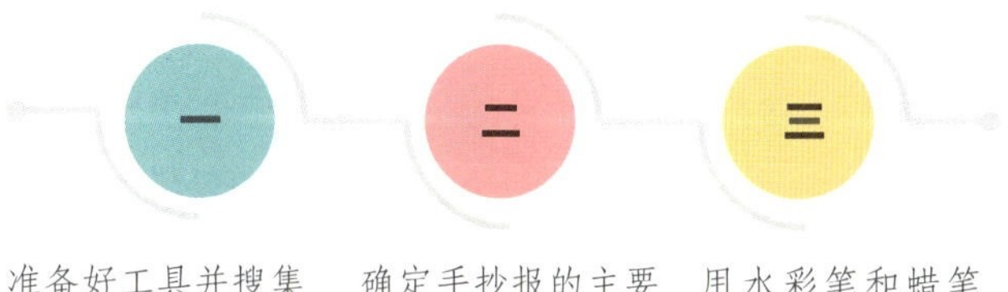

准备好工具并搜集资料

确定手抄报的主要框架和意蕴

用水彩笔和蜡笔进行绘制

传播推广：分享周易文化之美

现在，让我们向大家展示我们所学的周易文化吧，成为非物质文化遗产小使者，和家人、朋友、同学一起分享这些美好的文化！

1.小小文化大师

同学们用表演的方式向大家讲解周易文化所蕴含的思想，展现和传播周易文化的内涵。

学生分享

2.小小活动策划

在华南师大附小的家长开放日活动中，老师和同学们一起策划了周易文化活动，将教室分为展示区、游戏区、交流区……让来参观的同学可以全面地了解周易文化，尽最大的努力将这一传统文化发扬光大。

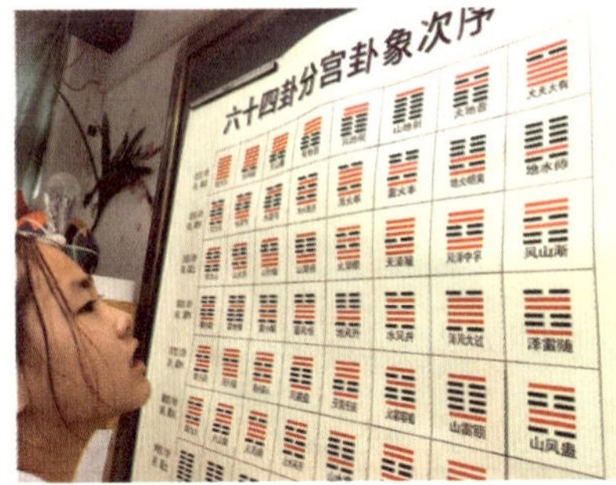

周易文化活动现场

（三）研学反思

自我反思：我们的周易故事

太棒了，小伙伴们！在这段周易文化之旅里，你们一定学到了很多。现在，让我们一起来看看同学们是如何回顾这段美好时光的吧！

唐同学说："周易文化的活动是非常有意义的，这种开放日活动，不仅增进了亲子关系，还增强了班级的团结协作能力。"他认为：周易文化的学习让他认识到天人合一的思想。在周易文化中，天人合一是一种哲学思想，它强调人与自然的和谐统一，认为人与自然是一个整体，相互影响、相互依存。这种思想让他更加关注自然环境和生态保护，他还提到希望在未来能有更多人自发地去保护和传承周易文化。

三、总结思考

1.研学总结

在这次有趣的研学活动中，我们一起探索了周易文化的神奇世界，更深入了解了周易文化的历史、特点，收获了关于生活与生命的启示！

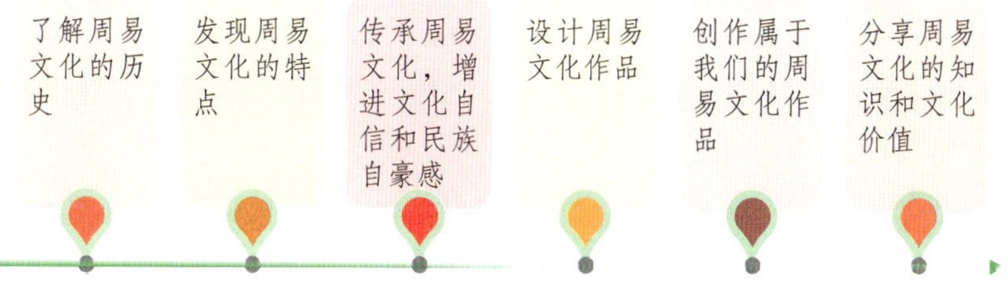

经历了整个研学过程，相信我们每个人都可以承担起传承非物质文化遗产的责任，让非物质文化遗产继续传承，让中华民族

的经典文化延续下去，也让全世界感受到中华传统文化的魅力。

2.阅读思考

从太极的造型、线条等特征，分析其艺术风格和特点。

第二节　鲁班传说

在这次活动中，你将有机会了解鲁班传说、亲自动手制作鲁班锁等。这次活动能够激发你对中华传统文化的兴趣，培养你的创造力。

一、研学目标

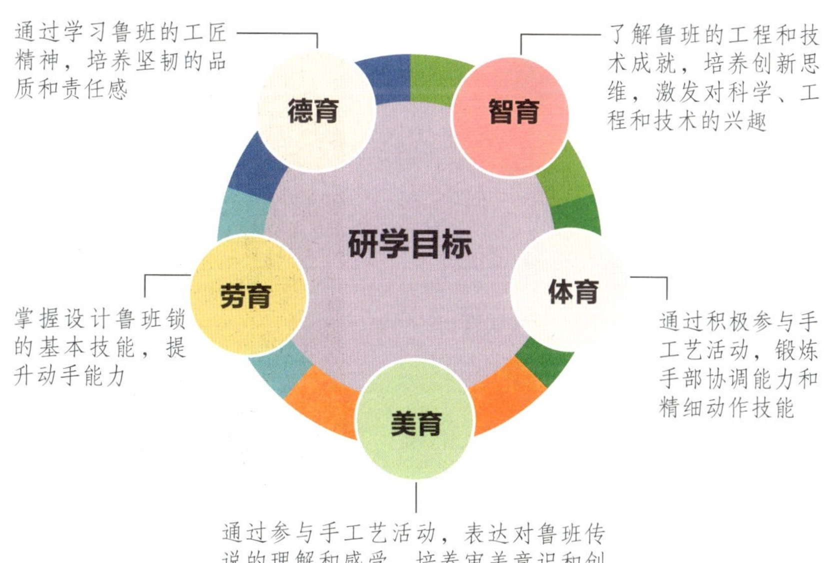

二、研学探究

（一）研学

情景感知：鲁班传说的奇妙之旅

嗨，小朋友们！让我们一起开始非物质文化遗产世界的奇妙之旅吧！那里有许多有趣的故事和传统！下面我们会学到很多关于鲁班的知识，它们反映了祖祖辈辈的智慧呢！

1.历史小侦查

在这个环节需要小朋友们了解鲁班传说的历史背景。

鲁班插画

鲁班，鲁国人，能工巧匠，约生于春秋末期，本名为“般”。古代生产力极度低下，鲁班在机械、土木、手工等方面的发明提高了生产力。他是我国历史上著名的工程师、伟大的发明家，被奉为“百工之祖”。如今，我们将刨根溯源、一丝不苟、专注钻研、创新成就的精神称为“鲁班精神”。

2.独特小发现

让我们用敏锐的观察力来发现鲁班锁和鲁班制作的工具的特点吧。

鲁班锁样例

鲁班锁，中国四大古典玩具之一，也叫八卦锁、孔明锁，是一种曾广泛流传于中国民间的智力玩具，还有“别闷棍”“六子联方”“莫奈何”“难人木”等名称，被称作“中国人的魔方”。鲁班锁原理起源于中国古代建筑中首创的榫（sǔn）卯（mǎo）结构。榫卯，是两个构件采用凹凸部位相结合的一种连接方式，凸出部分叫榫，凹进部分叫卯。其特点是在物件上不使用钉子，利用榫卯加固物件，体现出中国古老的文化和智慧。

鲁班锁形状各异、构思精巧，是我国古典智力玩具中的瑰宝。设计它们不仅需要很好的木工知识，还得掌握一定的数学知识（如立体几何、拓扑学、排列组合）和数学能力（如空间想象能力、逻辑推理能力）。

历代工匠都希望提高自己征服自然、改进工艺的能力，他们把鲁班想象成拥有神奇技艺和无穷智慧的匠师。民间有许多人都称赞鲁班的“巧”，传说他造的木头鸟能飞、木头人能够劳动，他造的灯台点燃后可以分开海水，他做的墨斗拉出线来就可以弹开木头，他甚至可以用唾液把碎木粘合成精美的梁柱。

鲁班木鸟

鲁班木鸟是鲁班的著名作品之一，这是一种神奇的机器鸟，它用木材做成，内设机关，可以在天空飞翔。对此，在《墨子·鲁问》中有这样的记载："公输子削竹木以为鹊，成而飞之，三日不下。"意思就是鲁班曾制造过一只木鸟，能在空中飞三天。

鲁班制作的工具的特点：制作精巧、千变万化、结构复杂。

内涵理解：发现鲁班传说的精彩

在遨游过鲁班传说的知识海洋后，我们将跳进鲁班传说的奇妙世界，看看它背后的故事、珍贵的价值和有趣的寓意。让我们一起展开想象力的翅膀，感受非物质文化遗产的无限精彩吧！

1.文化守护者

想想鲁班传说为什么重要，我们为什么要记住它？

当谈到鲁班传说时，我们不仅仅在听一个个的民间故事，也在欣赏一件件精美的艺术作品。鲁班传说是中国非物质文化遗产的一部分，代表了我们民族的智慧和创造力。

鲁班创造的作品不仅是工具和美丽的艺术品，也承载着深刻的文化内涵。在学习鲁班相关故事的历程中，我们深刻感受到了中国古人的智慧。

学生体验

2.心灵小窗户

你对学习鲁班传说有什么感受和想法呢？

洪同学说：“鲁班是个名副其实的‘大发明家’，他不断地创新，动手能力非常强，可以把自己新奇的想法一一实现，我很佩服他，我希望自己可以像他一样，不仅善于思考，还积极实践，勇于实现自己的想法。”

特征探究：鲁班锁秘密的小侦探

让我们一起探究鲁班锁的制作特点，揭开它的神秘面纱。在这个过程中你也将成为一名小小手艺人，亲手制作一个属于你的鲁班锁。

在制作鲁班锁时，需要用到一些材料，包括：榉木块若干、锤子一把、绘图纸、铅笔、尺、砂纸若干张。

鲁班锁介绍

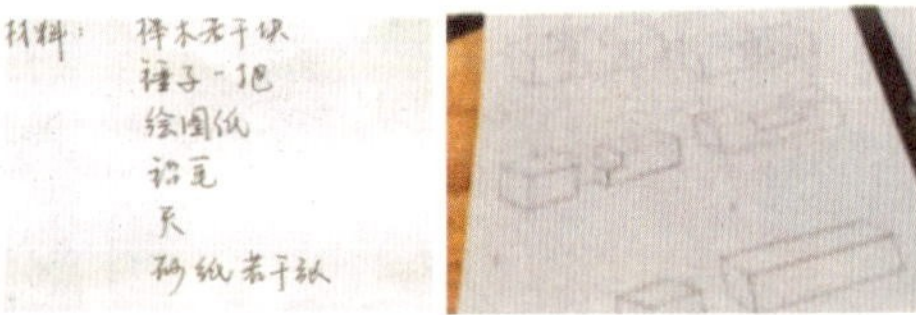

制作鲁班锁所需工具

鲁班锁的制作步骤

1.设计图案	使用绘图纸和铅笔设计鲁班锁的形状
2.选择木块	从榉木块中选择适合的木块，以制作锁的各个部分
3.组装木块	将选出的部分组装在一起，使它们可以自由移动，但又不能完全分离。尝试打开和关闭鲁班锁，调整部件以确保锁能正常运作
4.打磨	使用砂纸打磨锁的各个部分，使其表面光滑
5.涂漆或上色	根据个人喜好，可以为锁的各个部分涂漆或上色
6.展示和保护	作品完成后，你可以将其放在橱窗中展示

学生体验

（二）创新

制品创作：做个小小设计师

准备好展示你的创造力了吗？我们要用所学的知识去创作我们的文化作品！无论是画画、做手工还是写故事，我们一起来尝试各种形式，成为小小设计师吧！

姜同学介绍：为了制作木制小鹿手机支架，他使用了锯子、锉刀、砂纸、图纸、铅笔、尺子等。他按照图纸将各部分零件切割好，并进行了打磨、组合。制作完成后，为了美观，他还给小鹿涂上了颜色。

学生手机支架作品

传播推广：分享鲁班传说之美

现在，让我们向大家展示我们所学的鲁班故事吧，成为非物质文化遗产小使者，和家人、朋友、同学一起分享这些美好的文化！

1.小小文化大师

在学校的非物质文化遗产作品展示中，小江同学使用木块重现了赵州桥的结构。赵州桥是世界上现存年代最久、保存最好、科学水平极高、艺术形象极美的古代石拱桥，距今已有1400多年历史，由隋朝匠师李春设计建造，北宋时期哲宗皇帝北巡时赐名“安济”。赵州桥全长64.4米，桥面宽9米。该桥没有桥墩，只有一个拱形的大桥洞，大桥洞的左右两边各有两个拱形的小桥洞。这种设计既减轻了流水对桥身的冲击力，使桥不易被冲毁，又减少了桥身的重量，节省了石料。赵州桥的构造体现了劳动人民的智慧和才干，是我国宝贵的历史文化遗产。

学生作品展示

2.小小活动策划

在华南师大附小的家长开放日活动中，老师和同学们一起制作了许多精美的鲁班工具，并通过巨幅展板向更多的人宣传和介绍鲁班传说，尽最大的努力将这一传统文化发扬光大。

学生介绍鲁班传说

（三）研学反思

自我反思：我们的鲁班传说故事

太棒了，小伙伴们！在这段鲁班传说之旅里，你们一定学到了很多。现在，让我们一起来看看同学们是如何回顾这段美好时光的吧！

洪同学说："在学习鲁班传说的过程中，我最大的收获是我们要善于观察生活中的细节，勤于思考、勇于创新、积极实践、知行合一。"虽然她一开始对于制作鲁班锁还不熟悉，但通过多次尝试和练习，她变得越来越娴熟，能够制作出精美的鲁班锁。这个过程不仅锻炼了她的动手能力，还让她更深刻地感受到了艺术的魅力。

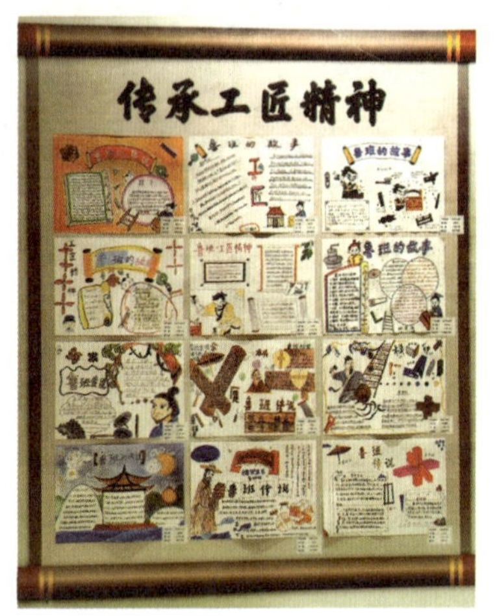

鲁班传说项目展板

三、总结思考

1.研学总结

在这次有趣的研学活动中，我们一起探索了鲁班传说的神奇世界，更深入了解了鲁班工具的特点以及鲁班精神，让我们一起来守护和传承鲁班传说吧！

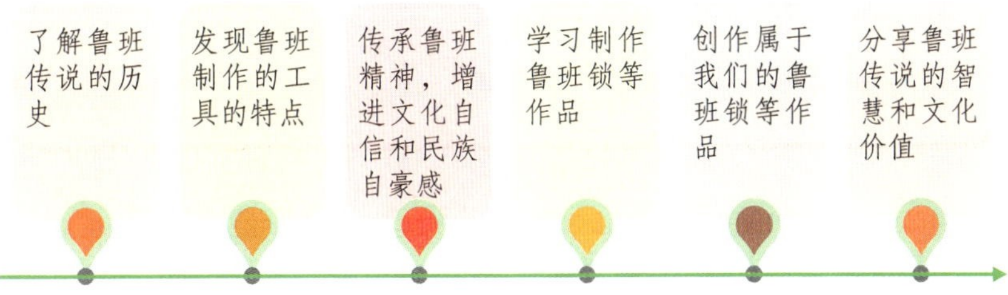

经历了整个研学过程，相信我们每个人都可以承担起传承非物质文化遗产的责任，让中华民族的经典文化延续下去，也让全世界感受到中华传统文化的魅力。

2.阅读思考

如果鲁班制造的木鸟在空中飞行了三天，第一天飞了3小时，第二天飞了7小时，第三天飞了2小时，请问每天飞行的平均时间是多少小时？
鲁班有一块木板，长度是80厘米，宽度是20厘米，他想将这块木板切割成长宽都是10厘米的正方形。问：这个木板可以切出多少个这样的正方形？

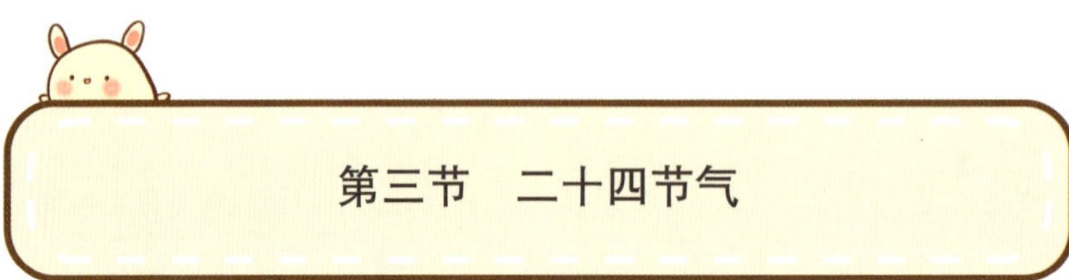

第三节　二十四节气

在这次活动中，你将有机会了解二十四节气的由来和不同节气的特点，体验节气文化，感受节气与自然的关系。这次活动能增强你对中华传统文化的兴趣，也让你领悟到二十四节气蕴含的智慧。

一、研学目标

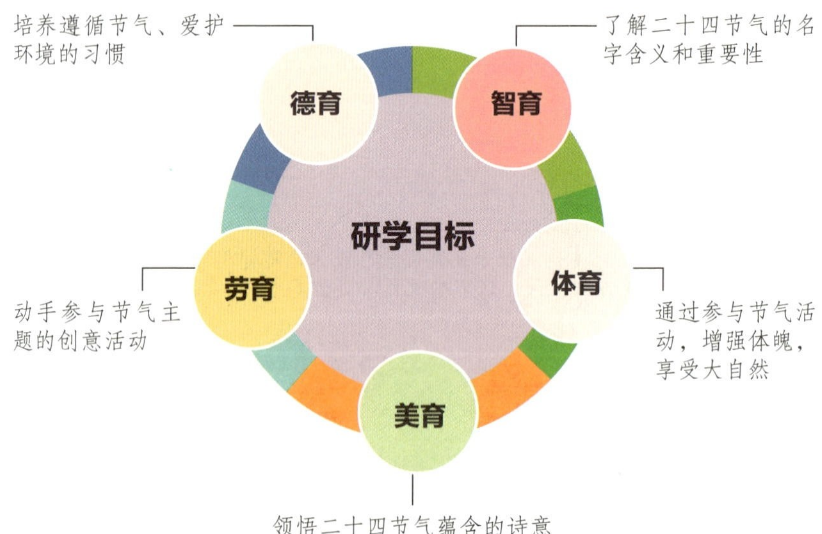

二、研学探究

（一）研学

情景感知：古今穿越，探索节气趣事

小朋友们，让我们一起进入二十四节气的神奇世界，探索中华民族传统文化的瑰宝！二十四节气源自中国农耕文明，承载着丰富的历史文化内涵。在这个研学活动中，你将领略中国人与自然和谐相处的智慧。

1.历史小侦查

在这个环节需要小朋友们了解二十四节气的历史背景。

二十四节气

二十四节气形成于秦汉时期，经历了一个由粗到细的发展过程。早在春秋时期，中国人就通过观察太阳影子的变化，确立了仲春、仲夏、仲秋、仲冬4个节气。到了秦汉时期，随着观测方法的进步，古人根据太阳在天空中运行的位置变化，把一年划分为24个节气，形成了二十四节气时间系统。

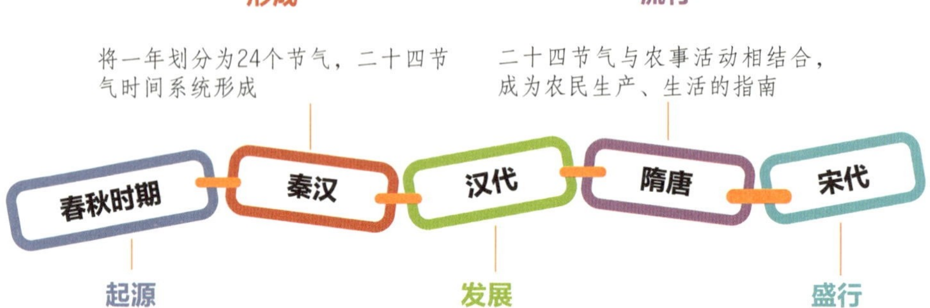

人们利用日晷测量日影长度，确立了仲春、仲夏、仲秋、仲冬4个节气

二十四节气的名字见于《淮南子·天文训》，节气概念为大众所知

二十四节气渗透到食俗、民间诗歌等方面，成为社会各阶层共知的文化符号

2.独特小发现

二十四节气将一年分割成24个时间节点，每个节气都有独特的气候特征、物候变化和农事活动。如立春代表冬春交替、万物复苏，立夏预示着炎热的夏天即将到来，而芒种则是农民开始插秧的好时机。二十四节气指导农民进行合理的农事活动，是中华民

春分

族生产、生活的智慧结晶。

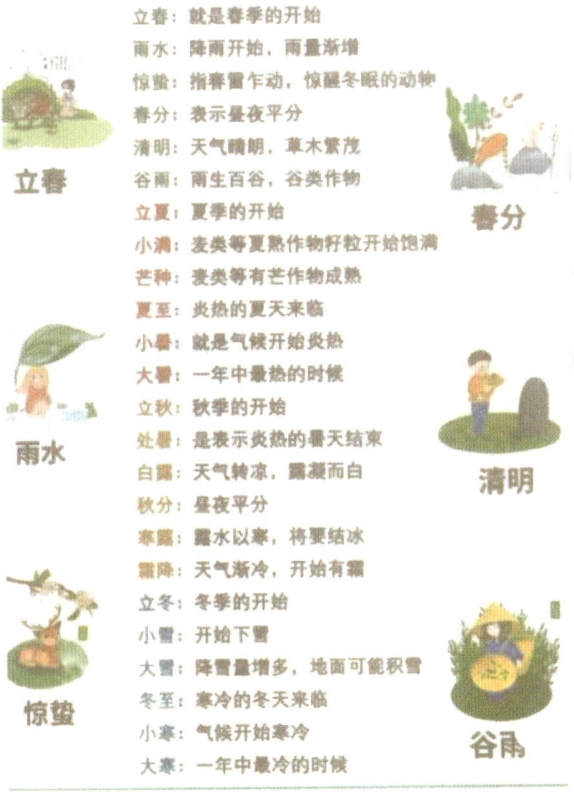

立春：就是春季的开始
雨水：降雨开始，雨量渐增
惊蛰：指春雷乍动，惊醒冬眠的动物
春分：表示昼夜平分
清明：天气晴朗，草木繁茂
谷雨：雨生百谷，谷类作物
立夏：夏季的开始
小满：麦类等夏熟作物籽粒开始饱满
芒种：麦类等有芒作物成熟
夏至：炎热的夏天来临
小暑：就是气候开始炎热
大暑：一年中最热的时候
立秋：秋季的开始
处暑：是表示炎热的暑天结束
白露：天气转凉，露凝而白
秋分：昼夜平分
寒露：露水以寒，将要结冰
霜降：天气渐冷，开始有霜
立冬：冬季的开始
小雪：开始下雪
大雪：降雪量增多，地面可能积雪
冬至：寒冷的冬天来临
小寒：气候开始寒冷
大寒：一年中最冷的时候

学生寻找二十四节气特征的资料总结

内涵理解：发现节气的意义

小朋友们，学习了二十四节气的起源和特点之后，让我们深入领悟它所蕴含的文化智慧吧。

1.文化守护者

想想二十四节气文化为什么重要，我们为什么要保护它？

二十四节气见证了中华民族与自然和谐相处的智慧。它融合了天文学、农学、气候学等知识，是中国古代先民智慧的结晶。我们希望二十四节气可以被大家知道、了解，在现代生活中继续发挥其指导作用。

学生体验

赵同学说：“以前古人用杆影总结出二十四节气，它方便古人生产农作物。现在，科学技术迅猛发展，二十四节气的作用减弱了，但仍然很实用，可以指导人们的衣食住行。2006年，二十四节气被列入第一批国家级非物质文化遗产名录。”

二十四节气

刘同学说：“二十四节气不仅是历代政

府发布的时间尺度，而且是指导农业生产、预测日常生活冷暖雨雪的指南针。二十四节气准确地反映了季节的变化，用于指导农业活动。”

2.心灵小窗户

你对学习二十四节气知识有什么感受和想法呢？

陈同学对二十四节气的学习收获满满，她说：“我觉得二十四节气很有意思，它根据太阳的位置来划分一年中的不同时段，这在世界上很独特；我通过二十四节气学到了很多古人约定俗成的生活习惯和养生方法，像立夏可以多吃一些苦味食物，大暑需要注意补气养阴，这些传统智慧对现代人也有一定借鉴作用。”

活动现场

赵同学说：“我国古人总结出了二十四节气，它把一年分为24个时间段，每段时间都有相应的物候，方便人们掌握气候变化以及可以从事的农事活动。二十四节气和我们的生活息息相关，比如冬至，有俗语说：‘冬至不吃饺子会冻掉耳朵。’所以在我国北方地区，人们在这天会吃饺子。南方地区则会吃汤圆、米团和面条。”

小满

特征探究：太阳影子下的节气之旅

通过上面的学习，相信大家已经掌握了二十四节气的基本情况。但想要真正感受节气的变化，我们还需要进行实地探索！现在，你将成为一名小小探险家，通过观察太阳影子的变化，亲身感受节气带来的昼夜节律变化。这将会是一次难忘的探险之旅！

1.小小探险家

在立春这天，阳光已经渐渐变得温暖，你和小伙伴们在公园里奔跑玩耍，你们的影子长长的。一个月之后，到了春分的时候，你注意到你们的影子比立春时短了很多。夏至：昼最长，夜最短。白天可以在户外玩耍、活动的时间很长。冬至：昼最短，夜最长。白天很短，早早就天黑了。

我们在不同的节气可以感受到不同的变化，你知道这种变化来源于什么吗？

2.小小科学家

通过上面的学习，相信你已经对二十四节气有了初步的了解。接下来，让我们一起动手计算一下吧，看看你是否已经成为节气的小专家了！

如果把地球绕太阳旋转的轨迹看成一个平面圆形，二十四节气把这个圆形平均分成了24份，请你计算一下，每两个节气之间的夹角是多少度？

地球绕太阳旋转轨迹示意图

由计算可知，二十四节气中每两个节气之间的夹角是15度。15度代表了约15天，所以每两个节气之间都是相差15日左右。一年有12个月，每个月有两个节气。计算出正确结果的你已经成为节气小达人啦!

（二）创新

制品创作：DIY节气文创

准备好展示你的创造力了吗？让我们用所学的知识去创作自己的文化作品吧！无论是画画、做手工还是写故事，我们一起来尝试各种形式，成为小小设计师吧！

学生制作的节气文创作品

董同学制作了一个以立冬为主题的文创挂饰，使用了蓝色纸张，上面画有黄色树木和盖有白雪的屋顶的景象。这代表了立冬时节气温下降、天寒地冻的场景。挂饰上方还用版画的方式写上“立冬”二字。这样的挂饰既富有节气文化内涵，又添加了现代设计元素，充满创意与乐趣。

赵同学最喜欢的节气是冬至，她准备做的节气手工就以冬至为主题，她先拿出一个白色纸盘子，用浅蓝色黏土仔细地捏出了雪地，贴在了盘子表面，这里多了，她用小工具刮掉，那里少了，她急忙又添上。终于，雪地完成了。接下来该做雪人了。她做出了一大一小的两个白色圆饼，接着又仔细地做出了雪人的紫色小帽子、黑豆般的小眼睛、萝卜鼻子、小巧的嘴巴和可爱的小手。顿时，两个活灵活现的小雪人出现在眼前。她又用松树和雪花做了背景。这样，一个冬至主题的黏土作品就完成了！

冬至主题手工体验

赵同学制作的冬至黏土创意作品的制作步骤共四步：

准备材料	制作雪地、雪人	制作背景	组装
浅蓝色及其他颜色的黏土、小工具、松树和雪花模型等	用浅蓝色黏土做雪地，白色黏土做雪人身体，添加紫帽、黑眼、橙鼻、小嘴和手	添加松树和雪花	将雪地、雪人、背景组合

传播推广：分享节气趣事

现在，让我们向大家展示我们所学的二十四节气文化吧，成为非物质文化遗产小使者，和家人、朋友、同学一起分享这些美好的文化！

1.小小文化大师

同学们，让我们把节气文化的魅力分享给更多的人。你可以向家人、朋友讲述一个与节气相关的故事或趣事，成为文化传播的小能手！

周同学画了一幅以大暑为主题的绘画作品，画面上荷花怒放、荷叶翠绿，充满夏日气息。她希望通过作品向大家展示二十四节气独特的文化魅力。她兴奋地向参观的学生和家长讲述了这个节气的来历，以及中国人在大暑这个节气里会有哪些习俗。大家非常欣赏她对传统文化的热爱，也表扬了她的绘画天赋。周同学真是一个文化传播的小能手！

学生作品展示

2.小小活动策划

在华南师大附小的家长开放日活动中，同学们一起制作了许多精美的二十四节气文化手工作品，并通过巨幅展板向更多的人宣传和介绍二十四节气文化，尽最大的努力将这一传统文化发扬光大。

二十四节气手工作品展示

（三）研学反思

自我反思：我们的节气故事

太棒了，小伙伴们！在这段二十四节气文化之旅里，你们一定学到了很多。现在，让我们一起来看看同学们是如何回顾这段美好时光的吧！

董同学说："我原来只知道一年有四个季节，却第一次知道还分二十四节气呢。原来古人根据一年内太阳直射点在南北回归线之间的位置变化引起的地面气候的演变次序，将全年平分为24等份，并给每个等份起名，这就是二十四节气的由来。"

柳同学告诉我们，在学习了二十四节气文化和参与了研学活动之后，他更加了解中华传统文化，也了解了二十四节气与天气及农作物的生长息息相关。

学生作品

三、总结思考

1.研学总结

在这次有趣的研学活动中，我们一起探索了二十四节气的神奇世界，更深入了解了二十四节气的形成过程、作用与文化价值，让我们一起将二十四节气文化传承下去吧！

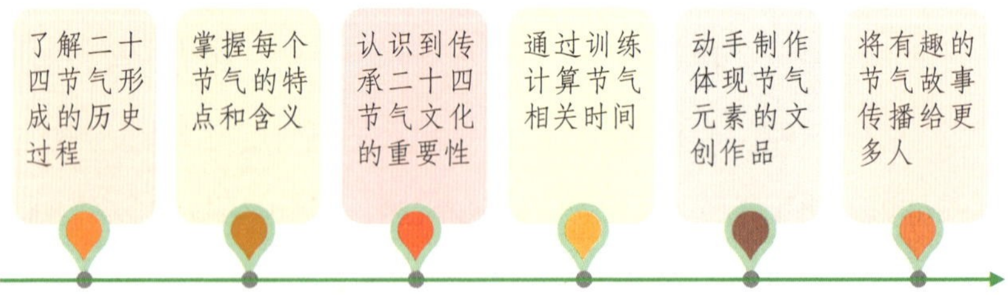

2.阅读思考

请结合天文学知识，解释一下春分和秋分的基本含义。
选择一个你喜欢的节气，并从文学的角度描写这个节气的景象。

第四节　中国珠算

在这次活动中，你将有机会了解珠算文化、亲自动手制作算盘。这次活动能够激发你对中华传统文化的兴趣，培养你的创造力。

一、研学目标

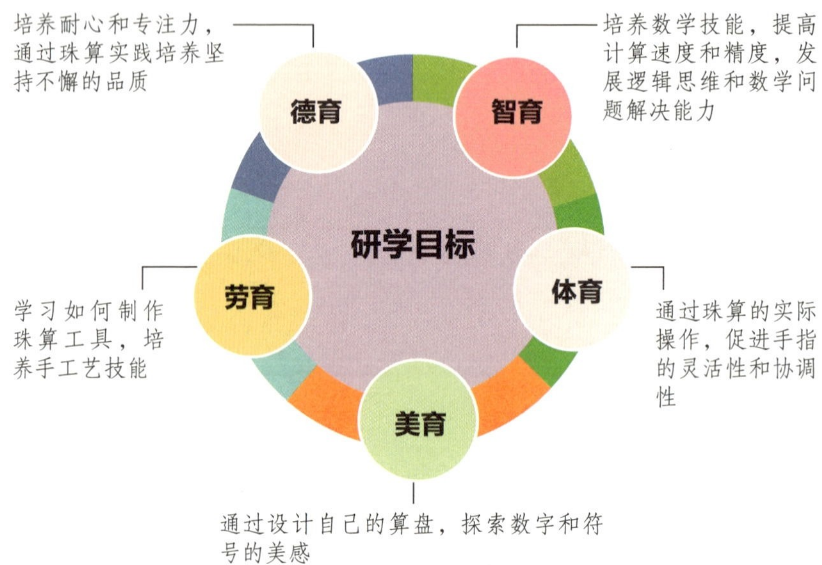

二、研学探究

（一）研学

情景感知：珠算世界的奇妙之旅

嗨，小朋友们！让我们一起开始非物质文化遗产世界的奇妙之旅吧！那里有许多有趣的故事和传统！我们会学到很多关于中国珠算的知识，它们反映了祖祖辈辈的智慧呢！

1.历史小侦查

在这个环节小朋友们将会了解到珠算的历史背景。

传统算盘

据公开资料显示，珠算一词最早见于东汉徐岳所撰的《数术记遗》，其中有云："珠算，控带四时，经纬三才。"北周的甄鸾为此作注，大意是在木板上分上、中、下三部分，上下两部分是停游珠用的，中间部分是作定位用的。每位各有5颗珠子。上面1颗珠与下面4颗珠用颜色来区别。上面一珠当5，下面一珠当1。

珠算是世界上最古老的计算方法之一，因其实用性而得到广泛使用，同时它也渗透于文艺创作等诸多领域，在民俗、语言、文学、雕塑以及建筑等方面影响深远。2013年，中国珠算成功入选人类非物质文化遗产代表作名录，被联合国教科文组织高度评价为“为世界提供了另一种知识体系”。

2.独特小发现

让我们用敏锐的观察力来发现珠算的特点吧。

珠算的主要工具是算盘（又称算珠盘），它通常由一个木制的框架和一排排珠子组成。珠子可以在框架上滑动。算盘外形多变，有长方形、八卦形、扇形、拱形……

八卦形算盘

珠算有独特的口诀，这些口诀是学生用来进行运算的记忆工具。口诀有助于学生记忆和执行特定的珠算操作，如加法、减法、乘法和除法。珠算可以演变为更高级的珠心算，珠心算强调思维的速度和灵活性，是珠算的深化和发展。

使用算盘进行珠算

内涵理解：发现珠算的精彩

在遨游过珠算历史的知识海洋后，我们将要跳进中国珠算的奇妙世界，看看它背后的故事、珍贵的价值和有趣的寓意。让我们一起展开想象力的翅膀，感受非物质文化遗产的无限精彩吧！

1.文化守护者

想想珠算为什么重要，我们为什么要保护它？

当谈到珠算时，我们不仅仅看到了各种精美的算盘，还了解了蕴藏在其中的中国古人的智慧。珠算是中国非物质文化遗产的一部分，代表了我们民族的创造力。

算盘不仅仅是计算工具，它也承载着深刻的文化内涵。通过制作和使用算盘，我们可以了解中国古代的计算方式，培养数学技能。

学生体验

我们要珍惜并传承这一非物质文化遗产，因为它让我们更了解自己的文化。通过学习珠算文化，我们可以提高文化自信和民族自豪感，让这种传统技艺在现代社会中继续传承下去。

2.心灵小窗户

你对学习中国珠算文化有什么感受和想法呢？

邓同学说："珠算看着简单，其实很难。我充分地感受到了中国珠算的博大精深，也体会到了传承珠算文化的重要性。我还从视频上了解到中国以前许多重大的发明都有算盘的功劳，可以说，当时要是没有算盘，现在也不可能有如此便利的生活。"

算盘样例

欧同学说："我最大的收获就是学会了如何制作算盘，最大的体会是我们的古人太棒了，竟然可以设计和制作这么好的工具。"

特征探究：珠算秘密的小侦探

让我们一起探究算盘的制作特点，揭开它的神秘面纱。在这个过程中你也将成为一名小小手艺人，亲手制作一个属于你自己的算盘。

制作算盘通常需要吸管、珠子、木框、胶水、细绳等，这些工具和材料用于制作算盘的框架和滑珠系统。算盘的形状和设计可以有所不同，取决于个人喜好和所需的功能。

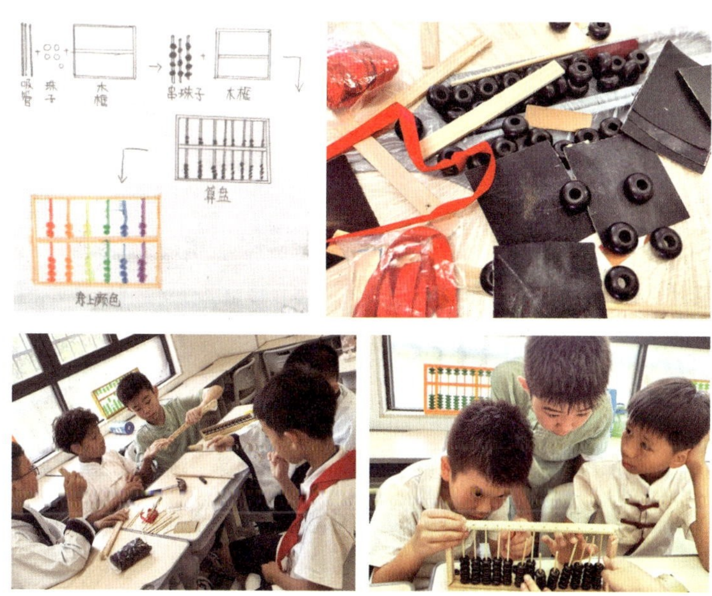

制作算盘所需工具及制作过程

算盘的制作步骤

1.准备框架	准备一副木框，作为算盘的框架
2.确定位置	在木框上画出等距的直线，以确定吸管的位置
3.切割吸管	切割吸管成等长的小段，每段3~4厘米
4.穿珠子	将珠子穿过吸管并系好，确保它们可以在吸管上滑动
5.粘贴吸管	用胶水将吸管粘贴在木框上，留下足够的间隔，以便珠子可以滑动
6.固定珠子	在每个吸管的下方再次穿线，以确保珠子不会脱落
7.干燥上色	待胶水彻底干燥，确保所有部件都固定在木框上后，给珠子和木框涂上喜欢的颜色
8.展示推广	完成算盘作品后，你可以将其放在橱窗中展示

学生作品

（二）创新

制品创作：做个小小设计师

准备好展示你的创造力了吗？我们可以尝试用学到的知识，创作一些与非物质文化遗产相关的作品。无论是画画、做手工还是写故事，我们一起来尝试各种形式，成为小小设计师吧！

唐同学使用手抄报的方式向我们展示了算盘的相关知识。

学生体验

她的制作步骤一共四步：

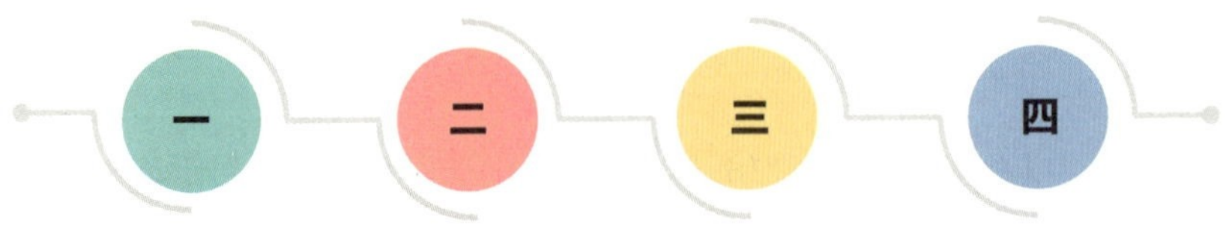

一、准备好纸和彩笔

二、设计手抄报的布局，确定每个部分的位置，如标题、图片、内容等

三、编写关于算盘的文章，解释其历史、功能和用途

四、适当加入与算盘相关的图片作装饰

传播推广：分享珠算之美

现在，让我们向大家展示我们所学的中国珠算文化吧，成为非物质文化遗产小使者，和家人、朋友、同学一起分享这些美好的文化！

1.小小文化大师

伴随着古朴悠扬的笛声，学生通过诗歌朗诵向我们娓娓道出珠算文化的博大精深。珠算，是中国古代劳动人民的伟大创造，它有着独特的计算工具、独到的方法技术、独立的数理内涵，

珠算文化主题古笛表演

是世界文化重要的组成部分。

2.小小活动策划

在华南师大附小的家长开放日活动中，老师和同学们一起制作了许多精美的珠算文化作品，并通过巨幅展板向更多的人宣传和介绍中国珠算，尽最大的努力将这一传统文化发扬光大。

一首优美动听的合唱歌曲《我的珠算我的梦》，引领我们穿越时空，探寻珠算的起源，开启一段奇妙的梦幻之旅。

小剧场表演《穿越时空的珠子》让我们与古人隔空相约，珠算大师带我们走进旧时的学堂、集市、商铺……我们惊叹连连，小小的算盘竟有如此巨大的作用。

珠算非遗活动演出现场

好一个相声《妙语连珠》，捧逗之间把珠算的前世今生、过人本领原原本本地展示出来，一片欢声笑语中我们从古代被召唤回现实。

相声《妙语连珠》

（三）研学反思

自我反思：我们的珠算故事

太棒了，小伙伴们！在这段中国珠算之旅里，你们一定学到了很多知识。现在，让我们一起来看看同学们是如何回顾这段美好时光的吧！

马同学说："珠算虽然没有计算机好用，但不能因为有了计算机就忘掉了珠算，它可是世界上最古老的计算方法。"

学习合影

三、总结思考

1.研学总结

在这个有趣的研学活动中，我们一起探索了中国珠算的神奇世界。通过一系列活动，我们更深入地了解了中国珠算的历史、特点、制作过程以及文化价值。

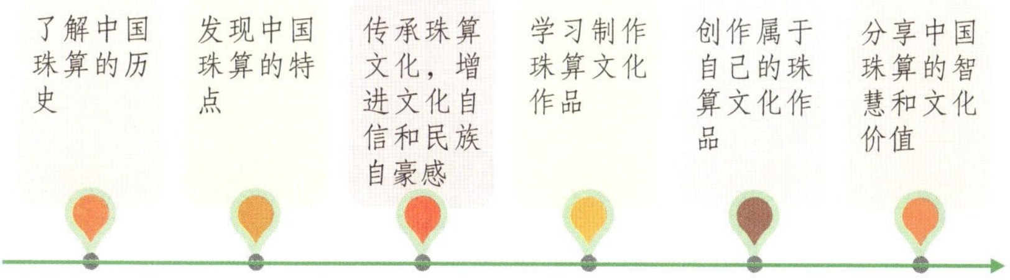

这次非物质文化遗产的学习旅程真棒！相信每个小朋友都可以成为文化传承的小守护者，让更多的人了解和喜爱中国的传统文化艺术。

2.阅读思考

如果你有一个算盘，每根竖珠杆上有5颗珠子，共有4根竖珠杆，那么算盘上一共有多少颗珠子？
你知道如何使用五珠算盘表示数字507吗？请在下方画出。

第五节　工夫茶艺

在这次活动中，你将有机会了解工夫茶文化、亲自动手冲泡工夫茶。这次活动能够激发你对中华传统文化的兴趣，培养你的创造力。

一、研学目标

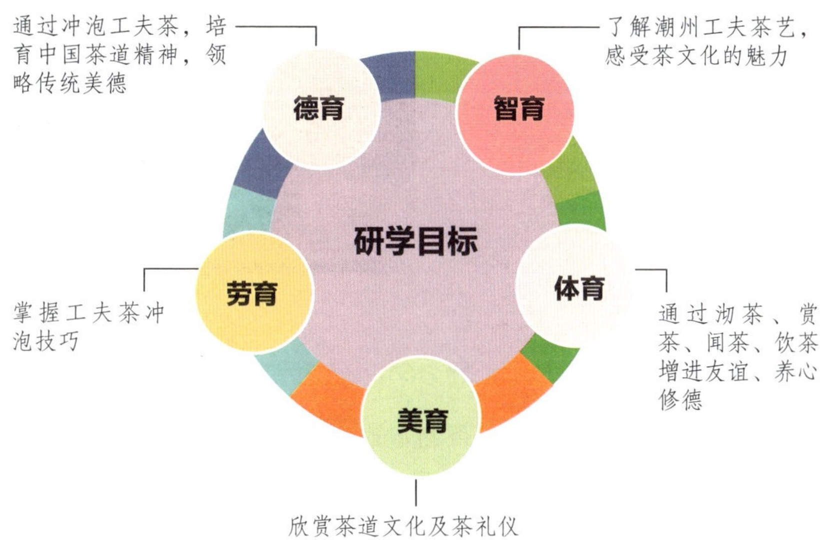

二、研学探究

（一）研学

情景感知：工夫茶艺世界的奇妙之旅

嗨，小朋友们！让我们一起开始非物质文化遗产世界的奇妙之旅吧！那里有许多有趣的故事和传统！我们会学到很多关于工夫茶艺的知识，它们反映了祖祖辈辈的智慧呢！

1.历史小侦查

潮汕工夫茶样例

在这个环节，我们要开启一段对历史文化的探索之旅，了解工夫茶艺的起源和发展。

“工夫”在潮汕方言中是做事讲究的意思。所谓工夫茶，并非一种茶叶或茶类的名字，而是一种泡茶的技法。之所以叫工夫茶，是因为这种泡茶的方式极为讲究，操作起来需要一定的流程，此工夫，乃为沏泡的学问、品饮的工夫。

中国茶文化盛行于唐朝，潮州茶道是中国传统茶文化中最有代表性的茶道。潮州工夫茶即潮汕茶道，是国内现存茶道中最精致和讲究的，被称为中国茶道的“活化石”。潮州工夫茶始于宋朝，在广东的潮州府（今潮汕地区）及福建的漳州一带最为盛行，乃唐、宋以来饮茶之法的承袭和深入发展，已有千年历史。我国历代饮茶之法大致如下。

潮汕工夫茶样例

点茶法

先将茶叶碾成末，放在茶碗里，注入少量沸水调成糊状，再注入沸水

泡茶法

泡茶不择茶叶，将茶入杯盏，然后注入沸水即可

煎茶法

主要用饼茶，经炙烤、冷却后碾成末，初沸调盐，二沸投末，并加以搅拌，三沸则止

散茶法

采茶后将茶叶焙干，直接在茶壶里沏茶喝，茶叶不再制饼、碾末

2.独特小发现

让我们用敏锐的观察力来发现工夫茶艺的特点吧。

工夫茶艺最讲究的是茶具，它之所以和其他喝茶方法有别也在于茶具。潮州工夫茶艺讲究茶具器皿配备之精良和烹制之“工夫”。茶壶、茶杯、茶盘、茶垫、水瓶、泥炉、砂铫、榄核炭等是必备的茶具。

工夫茶茶具样例

潮汕人喝工夫茶的茶叶，多选用浓度高的乌龙茶，如铁观音和凤凰茶。乌龙茶为半发酵茶，介于红茶和绿茶之间。红茶有色欠香，绿茶有香欠色，

乌龙茶则色香俱全，既有浓香，又带清芬，且醇厚耐泡。只有这类茶才符合工夫茶热汤厚味的品饮形式。

中国六大茶类样例

传统的潮州工夫茶，茶桌上一般只有三个杯子，第一杯茶先给左手第一位客人，表示尊敬，不讲究身份尊卑、年龄大小和性别。每喝完一杯茶要用滚烫的茶水洗一次杯子，然后再把带有热度的杯子留给下一个人。

工夫茶冲泡样例

内涵理解：发现工夫茶艺的精彩

在遨游过工夫茶艺历史的知识海洋后，我们将要跳进工夫茶艺的奇妙世界，看看它背后的故事、珍贵的价值和有趣的寓意。让我们一起展开想象力的翅膀，感受非物质文化遗产的无限精彩吧！

1.文化守护者

想想工夫茶艺为什么重要，我们为什么要保护它？

潮州工夫茶有一套茶经，对茶具、茶叶、水质、沏茶、斟茶、饮茶都十分讲究。潮州工夫茶虽然盛行于闽粤港台地区，但其影响早已遍及全国、远及海外。现在日本的煎茶道、中国台湾地区的泡茶道，都和潮州工夫茶艺有千丝万缕的联系。

在粤东当地更是把工夫茶作为待客的最佳礼仪并加以完善，这不仅是因为茶在许多方面有着养生的作用，也是因为自古以来茶就有“待君子、清心身”的意境。不论是公众场合还是居民家中，不论是路边村头还是工厂商店，无处不见人们长斟短酌。

学生体验

潮州工夫茶艺作为中国

茶艺的古典流派，集中了中国茶道文化的精粹，是历史和传统文化沉积。工夫茶艺推崇“和、敬、精、乐”的精神，是一种对生活品质和审美情趣的追求，也是一种对传统文化和民族精神的传承。

2.心灵小窗户

你对学习工夫茶艺有什么感受和想法呢？

学生体验

工夫茶艺是中国茶艺中最有代表性的一种，是融精神、礼仪、沏泡技艺为一体的茶道形式。

李同学说：“中国人自古爱喝茶，中国传统茶文化历史悠久，潮州工夫茶艺作为中国茶艺的古典流派，集中了中国茶道文化的精粹。我们应该学习茶艺、传承茶艺。”

工夫茶样例

冯同学说：“工夫茶的茶具小，以茶寄情，讲究茶的烹法，讲究品茶。传承工夫茶艺，可以增加我们的文化自信心，品茶也有利于修养身心。”

特征探究：工夫茶艺秘密的小侦探

让我们一起探究工夫茶艺的特征，揭开它的神秘面纱。在这个过程中，我们将学会观察、分析和比较，亲手尝试冲泡工夫茶。

在体验冲泡工夫茶之前，需要准备乌龙茶叶、茶壶、茶杯、水壶等。

冲泡工夫茶所需工具

潮州工夫茶艺八步法

1.备器	冲茶前的准备工作，从起火到烧开水，冲烫茶具
2.纳茶	将茶叶分粗细后，分别把茶叶装入茶壶，粗者置于底、中者置于中、细者置于上，茶叶不可装得太满，七八成即可
3.候水	讲究煮水，初沸的水冲茶最好

续表

4.洗茶	讲究“高冲”、开水从茶壶边冲入，切忌直冲壶心，以防“冲破茶胆”，使茶叶冲散、茶沫溢出，可能把茶冲坏
5.刮沫	冲茶时溢出的白色茶沫，先用茶壶盖刮去，然后把茶壶盖好
6.淋壶	茶壶盖好后，用开水冲淋壶盖，既可冲去溢出的茶沫，又可在壶外加热
7.烫杯	在筛茶前，先烫杯，一可消毒，二可使茶杯升温、茶不易凉，也能使茶生香
8.洒茶	讲究“低洒”，这是潮州工夫茶的特有洒茶方法，把茶壶嘴贴近已整齐摆放好的茶杯，然后连续不断地把茶均匀地洒在各个茶杯中，不能一次注满一杯

工夫茶冲泡步骤样例

（二）创新

制品创作：做个小小设计师

准备好展示你的创造力了吗？我们可以尝试运用学到的知识，创作一些属于自己的非物质文化遗产作品。无论是画画、做手工还是写故事，我们一起来尝试各种形式，成为小小设计师吧！

工夫茶冲泡口诀：滚水汤壶，滚球洗杯，落茶高冲，洒茶入杯，关公巡城，韩信点兵，文祥品茗。

学生冲泡工夫茶

武同学在研学活动中化身为工夫茶艺师，她认真学习了工夫茶艺的相关知识，体验了工夫茶的冲泡之道。她还尝试改进了工夫茶的冲泡方法，在茶中加入了牛奶和巧克力，做成了“奶茶”，更受同学们的欢迎。

武同学说：“我深刻体会了‘以茶会友’的道理，在这次活动中，我们班人来人往，从早上到中午，挤满了来参观的同学和家长，我们忙得不可开交，但是收获了很多喜欢喝茶的朋友。泡茶的每一步都渗透着文化，给人以优雅和美好的感受。”

学生品茶

传播推广　传播工夫茶艺

现在，让我们向大家展示我们所学的工夫茶艺吧，成为非物质文化遗产小使者，和家人、朋友、同学一起分享这些美好的文化！

1.小小文化大师

学生分享

在学校的非物质文化遗产作品展示中，郑同学展示了黑茶的冲泡过程。他先将热水倒入茶壶中进行沏茶，然后将沏好的茶水倒入公道杯中，再进行分茶。他冲泡的黑茶非常受欢迎。郑同学觉得这是一次难得的体验，他不仅了解了中国茶文化，在冲泡工夫茶的过程中更是深刻地体会了“以茶待客”的传统文化。

2.小小活动策划

在华南师大附小的家长开放日活动中，老师和同学们一起精心绘制了工夫茶艺的展示黑板报，并通过体验工夫茶艺的沏茶、赏茶、闻茶、饮茶，增进了同学之间的友谊。

工夫茶艺展现场

（三）研学反思

自我反思：我们的工夫茶艺故事

太棒了，小伙伴们！经过这次对工夫茶艺的探索，大家对它可能有了更深的了解和不同的感触。现在，让我们一起来看看同学们是如何回顾这段美好时光的吧！

周同学说：“泡茶，最贵乎‘心’。通过这次活动，我学习了中国传统茶艺的历史和冲泡方法，和伙伴们一起感受了茶艺的美妙，对中华传统文化更加尊敬和热爱。学习茶艺使我学会感知自然，感知生活里那些温暖的美好。”

学生分享

三、总结思考

1.研学总结

在这个有趣的研学活动中，我们一起探索了工夫茶艺的神奇世界。通过一系列活动，我们更深入地了解了工夫茶艺的历史、特点、冲泡技巧以及文化价值。

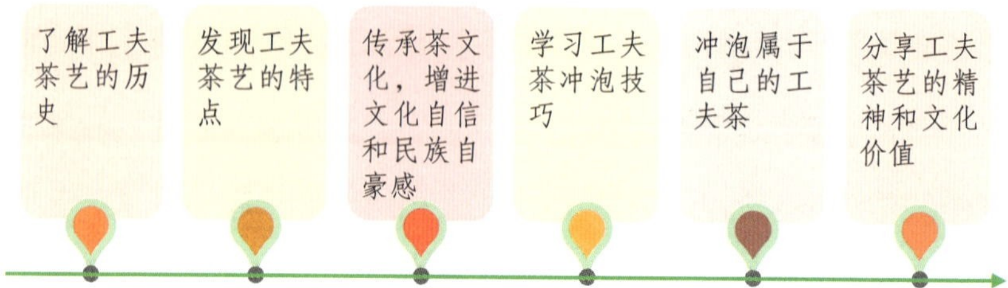

经历了整个研学过程，相信我们每个人都可以承担起传承非物质文化遗产的责任，让中华民族的经典文化延续下去，也让全世界感受到中华传统文化的魅力。

2.阅读思考

试描述“工夫”和“功夫”有什么区别。
茶桌礼仪中有个寓意礼“凤凰三点头”，指提壶高冲低斟反复3次，试描述它的寓意。

第六节　广东早茶

在这次活动中，你将有机会了解广东早茶文化、亲自动手制作早茶。这次活动能够激发你对中华传统文化的兴趣，培养你的创造力。

一、研学目标

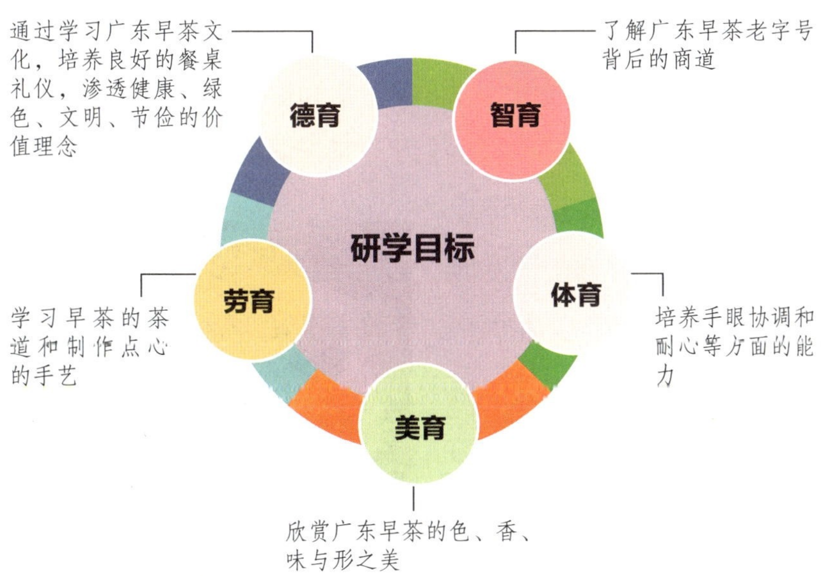

二、研学探究

（一）研学

情景感知：早茶世界的奇妙之旅

嗨，小朋友们！让我们一起开始非物质文化遗产世界的奇妙之旅吧！那里有许多有趣的故事和传统！我们会学到很多关于广东早茶的知识，它们都是祖祖辈辈的智慧呢！

1.历史小侦查

在这个环节需要小朋友们了解广东早茶的历史背景。

广东早茶的历史可追溯到清代，在咸丰年间，广州、佛山等地开始有喝茶的“二厘馆”。后来，更高档的茶居诞生了，茶居有两层楼的规模，可以让茶客们坐下来慢慢聊。伴随着商品经济的进一步发展，茶居渐渐现出繁荣之势，并逐步“发展成为茶楼饼饵业”。在广州“十三行”时期，商贾名流需要一处款待生意伙伴的场所，第一间现代化茶楼“三元楼”应运而生。其后，茶

广东早茶——凤爪

楼越来越多。

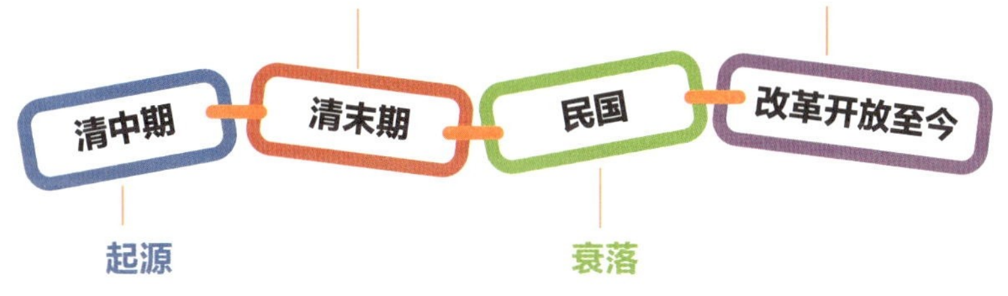

2.独特小发现

让我们用敏锐的观察力来发现广东早茶的特点吧。

广东早茶的特点：茶点种类繁多，有几十种甚至上百种；各式茶点风味独具特色；文化氛围浓厚，人们在茶楼或茶馆中喝茶吃点心、聊天交流，享受轻松舒适的环境。

广东早茶样例

内涵理解：发现早茶文化的精彩

在遨游过早茶历史的知识海洋后，我们将要跳进广东早茶的奇妙世界，看看它背后的故事、珍贵的价值和有趣的寓意。让我们一起展开想象力的翅膀，感受非物质文化遗产的无限精彩吧！

1.文化守护者

想想早茶文化为什么重要，我们为什么要保护它？

早茶是广东文化的重要代表，它不仅是一种美食，也是一种社交方式、一种生活态度。品味早茶，不仅可以享受美食，还可以与亲朋好友交流情感，体验广东独特的生活文化。

学生体验

广东早茶作为非物质文化遗产，承载着深厚的历史文化底蕴和地方特色。它不仅代表着广东独特的饮食文化，更是对传统生活方式的传承和延续，让我们能够更好地了解和感受广东的历史和文化。

学生体验

让我们一起来珍惜和传承这项非物质文化遗产，因为它让我们更了解自己的文化。通过学习广东早茶文化，我们可以提高文化自信和民族自豪感，让这一传统文化在现代社会中继续传承下去。

2.心灵小窗户

你对学习广东早茶文化有什么感受和想法呢？

广东早茶是传统的广东美食，通常在早上供应。它包括各种点心，如烧卖、虾饺、肠粉、叉烧包等，还有茶水。品尝广东早茶可以让人们体验广东独特的美食文化，同时也可以与亲朋好友

学生作品

交流情感。

黎同学说："广东人的早茶文化是一种独特的饮食文化，它不仅是广东人的日常生活中不可或缺的一部分，也是广东文化的重要组成部分。早茶是广东人的一种传统饮食习惯，它不仅是一种美食，更是一种生活方式。"

学生体验广东早茶文化

金同学说："每逢节假日，一家老小去茶楼聚饮早茶，既享受了生活，也联络了家人间的感情。这与广东人重视家庭的观念和孝道的文化是一脉相承的，这便是早茶在注重传统的广东人生活中盛行的原因。"

特征探究：早茶秘密的小侦探

让我们一起探究广东早茶的制作特点，揭开它的神秘面纱。在这个过程中你也将成为一名小小手艺人，亲手制作一道属于你的早茶茶点。

常见的广东早茶包点

在制作茶点的时候，根据制作的茶点的种类，所需的原料与工具大不相同。以包点为例，常见的原料有：面粉、糖、酵母粉等，同时还需要借助量杯、蒸笼、电子秤等工具。包点造型各异，可以是可爱的小猪形状，也可以有核桃的纹路，还可以在上面印上可爱的人物形象。制作方法以下表马拉糕为例。

广东早茶马拉糕的制作步骤

工具	量杯、电子秤、细筛子、蒸笼、温度计
配料表	普通面粉200克，木薯淀粉100克，红糖80~100克，酵母（耐高糖）3克，无铝泡打粉（可选）3克，食用油（可选）15克，开水260克
制作步骤	
1.融化红糖	碗中放80克红糖，加260克开水。搅拌至红糖完全融化，放置至常温备用（喜欢甜的就多加点红糖，否则就少加点红糖）
2.加入面粉	碗中加入200克经过细筛的普通面粉、100克木薯淀粉、3克酵母，搅拌混合均匀再倒入冷却好的红糖水，边倒边搅拌（红糖水要冷却到35度以下，温度太高酵母会失去活性导致无法发酵）
3.搅拌	搅拌至无颗粒、顺滑的状态

续表

4.发酵	盖上保鲜膜醒发，等待面糊体积发酵至2倍大（差不多40分钟，冬天延长时间）
5.排气泡	面糊醒发好之后加入3克泡打粉、15毫升食用油，搅拌均匀排气
6.锅蒸	将面糊倒入涂油的盘中，上蒸锅，水开后中火蒸25分钟

传统马拉糕

（二）创新

制品创作：做个小小设计师

准备好展示你的创造力了吗？我们要用所学的知识去创作我们的文化作品！无论是画画、做手工还是写故事，我们一起来尝试各种形式，成为小小设计师吧！

广东早茶样例

黄同学为了制作广东早茶作品——醒狮包，使用了橡皮泥、塑料刀、塑料叉等工具。

醒狮包

她的制作步骤一共三步：

准备好制作醒狮包的橡皮泥

用塑料刀和塑料叉辅助，把橡皮泥捏成不同部位的造型

各部分组合粘贴

传播推广：分享早茶之美

现在，让我们向大家展示我们所学的广东早茶文化吧，成为非物质文化遗产小使者，和家人、朋友、同学一起分享这些美好的文化！

1.小小文化大师

在学校的非物质文化遗产活动中，同学们到陶陶居茶楼亲自体验水晶虾饺和杨枝甘露的制作过程。在制作虾饺过程中，同学们准备材料、加工材料，再放入蒸笼加热，深刻领会到了广东早茶的魅力。

学生制作过程展示

广东早茶——虾饺

2.小小活动策划

在华南师大附小的家长开放日活动中，老师和同学们一起展示了许多广东早茶主题的作品，并通过巨幅展板向更多的人宣传和介绍广东早茶文化，尽最大的努力将这一传统文化发扬光大。

学生制作的广东早茶主题作品

（三）研学反思

自我反思：我们的早茶故事

太棒了，小伙伴们！在这段广东早茶的研学旅程中，大家可能都有不同的学习收获。现在，让我们一起来看看同学们是如何回顾这段美好时光的吧！

王同学说：“通过这次广东早茶主题的研学，我感受到了这种非物质文化遗产的独特魅力和深厚底蕴。早茶不仅是美食，更是一种生活的态度和文化的传承。在品尝美食的过程中，我感受到了广东人民对于生活的热爱和对于传统文化的尊重。这次研学让我更加珍视和尊重传统文化，也让我更加热爱生活。”

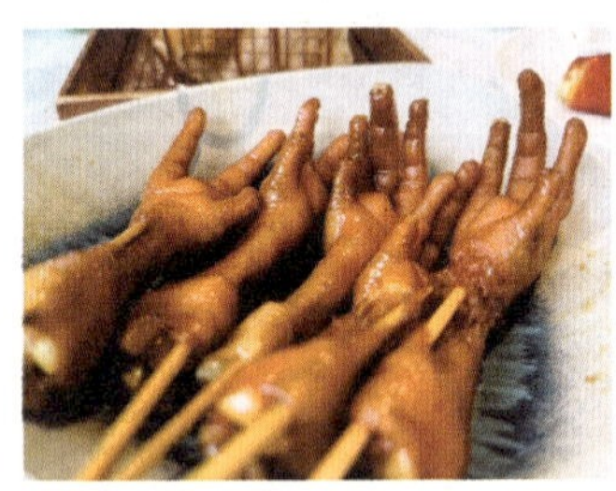

学生分享

三、总结思考

1.研学总结

在这个有趣的研学活动中，我们一起探索了广东早茶的神奇世界。通过一系列活动，我们更深入地了解了广东早茶的历史、特点、制作过程以及文化价值。

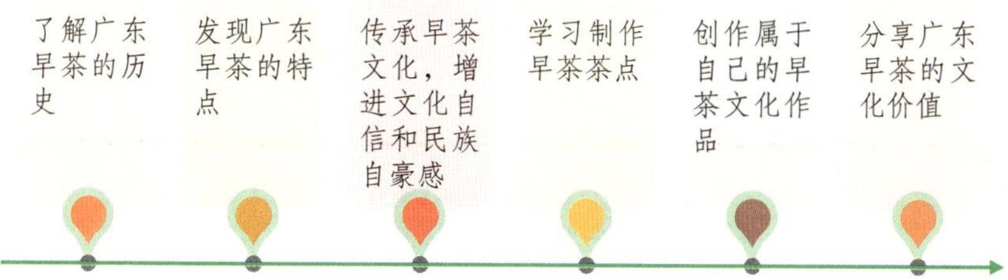

经历了整个研学过程，相信我们每个人都可以承担起传承非物质文化遗产的责任，让中华民族的经典文化延续下去，也让全世界感受到中华传统文化的魅力。

2.阅读思考

在广东早茶中，不同的点心往往有不同的价格。比如，一个虾饺的价格是5元，一个肠粉的价格是6元。如果你有30元，那么你可以买多少个虾饺和肠粉呢？这个问题的答案是开放的，你可以尝试不同的组合方式，看哪种组合能让你吃得更饱。

第四章

传统体育、游艺与杂技

第一节　咏春拳

在这次活动中，你将有机会了解咏春拳、亲自动手制作咏春拳招式盘子画。这次活动能够激发你对中华传统文化的兴趣，培养你的创造力。

一、研学目标

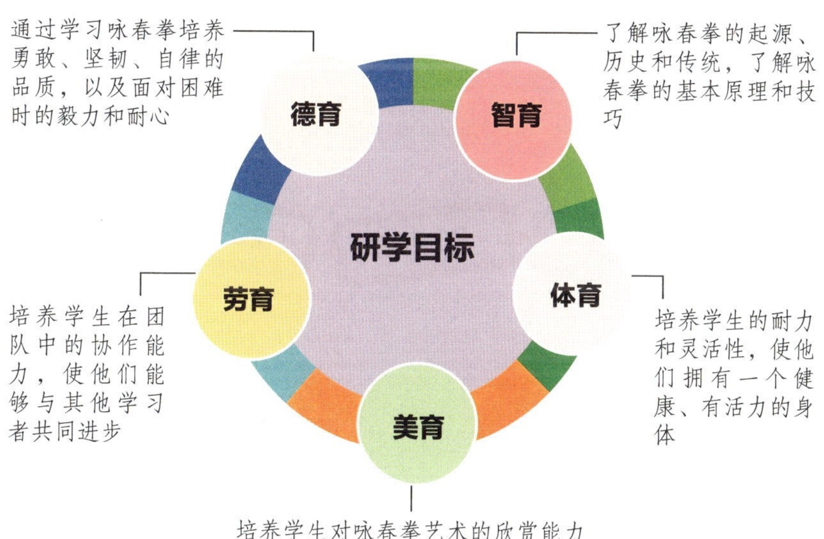

二、研学探究

（一）研学

情景感知：咏春拳世界的奇妙之旅

嗨，小朋友们！让我们一起开始非物质文化遗产世界的奇妙之旅吧！那里有许多有趣的故事和传统！我们会学到很多关于咏春拳的知识，它们反映了祖祖辈辈的智慧呢！

1.历史小侦查

在这个环节小朋友们将会了解咏春拳的历史背景。

2.独特小发现

让我们观看视频，用敏锐的观察力来发现传统咏春拳的特点吧！

咏春拳

咏春拳的特点：

①强调实用性，注重快速反应和实际应用。

②采用了紧凑的拳式和短距离技巧，适合在狭小空间中使用。

③练习咏春拳有助于提高身体协调性、柔韧性和自卫技能。

内涵理解：发现咏春拳的精彩

在遨游过咏春拳历史的知识海洋后，我们将跳进咏春拳的奇妙世界，看看它背后的故事、珍贵的价值和有趣的寓意。让我们一起展开想象力的翅膀，感受非物质文化遗产的无限精彩吧！

1.文化守护者

想想咏春拳为什么重要，我们为什么要保护它？

咏春拳承载着中国丰富的武术传统，包括武德、道德伦理、师徒关系等。学习和传承咏春拳，这些传统价值也能得以传承和弘扬。

咏春拳是一种实用的自卫技术，能够帮助人们在危险情况下保护自己或维护他人。

学生咏春拳表演

2.心灵小窗户

你对学习咏春拳有什么感受和想法呢?

李同学说："学习咏春拳给我带来了很多的快乐，也学习到了为人处世的道理，正如'沃枝叶不如培根本，根基稳才能枝干正'！"

许同学说："学习咏春拳让我爱上了运动，正所谓'天下武功、唯快不破'，大家都积极地参与咏春拳学习吧。"

特征探究：咏春拳秘密的小侦探

让我们一起探究咏春拳招式盘子画的制作特点，揭开它的神秘面纱。在这个过程中你也将成为一名小小手艺人，亲手制作一个属于你自己的咏春拳招式盘子画。

制作咏春拳招式盘子画的工具包括画板、纸张、绘图工具、颜料、调色板、橡皮擦等，另外还会用到一些咏春拳的参考资料，比如照片、视频或书籍等。

咏春拳招式盘子画制作工具

咏春拳招式盘子画的制作步骤

1.选择基本招式动作	确定绘制的咏春拳基本招式动作，如拳式、步法、身体姿势等
2.绘制轮廓	使用绘图工具，在盘面上绘制招式的轮廓，确保比例和姿势准确
3.细节和绘制	逐步添加细节，如肌肉线条、手和脚的位置、眼睛、鼻子等，并确定颜色和阴影
4.背景	如果希望有背景，可以绘制背景，以便招式动作在背景中更加突出
5.润色和修正	审查作品，进行修正，确保一切准确和清晰
6.签名和日期	在完成后，在画作的适当位置签名并注明日期
7.保护作品	可以使用适当的艺术保护方法，如加封面或框架，以保护盘子画

（二）创新

制品创作：做个小小设计师

准备好展示你的创造力了吗？用我们所学的知识去创作自己的文化作品吧！无论是画画、做手工还是写故事，我们一起来尝试各种形式，成为小小设计师吧！

描绘着咏春拳招式的盘子画通常采用扁平的绘画风格，将招式动作简化成基本的轮廓和形状，强调线条和形状的清晰度和简洁性。这些线条和形状可以用黑色或其他浓烈的颜色呈现。

传播推广：分享咏春拳文化

现在，让我们向大家展示我们所学的咏春拳知识吧，成为非物质文化遗产小使者，和家人、朋友、同学一起分享这些美好的文化！

1.小小文化大师

黑板报展示

2.小小活动策划

在华南师大附小的

家长开放日活动中，老师和同学们一起表演了咏春拳，并通过展板、盘子画等向更多的人宣传和介绍中国的咏春拳，尽最大的努力将这一传统文化发扬光大。

咏春拳表演

（三）研学反思

自我反思：我们的咏春拳故事

太棒了，小伙伴们！在这段咏春拳之旅里，你们一定学到了很多。现在，让我们一起来看看同学们是如何回顾这段美好时光的吧！

同学们纷纷表示想继承传统武艺，坚守历史传统，发扬博大精深的传统体育美！

咏春拳表演

三、总结思考

1.研学总结

在这个有趣的研学活动中，我们一起探索了咏春拳的神奇世界，更深入地了解了咏春拳的历史、特点以及文化价值，还学习了咏春拳招式盘子画的制作过程，收获真大！

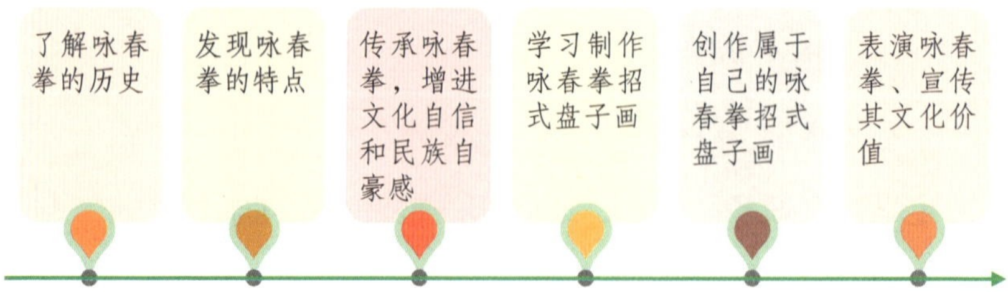

经历了整个研学过程，相信我们每个人都能承担起传承非物质文化遗产的责任，让中华民族的经典文化延续下去，也让全世界感受到中华传统文化的魅力。

2.阅读思考

请你写出咏春拳中你觉得最难的一个招式并进行练习。
二十世纪六七十年代，咏春拳扬名海外。请同学们回想：你知道哪些关于咏春拳的影视作品？咏春拳在国际上广泛传播对中华武术文化的发展有何影响？怎样扩大中国非遗文化的国际影响力？

第二节　中国象棋

在这次活动中，你可以了解关于象棋的故事、学习怎么下象棋，和好朋友们一起分享你的想法，最后告诉大家你从中学到了什么。这个活动会让你喜欢上中华传统文化，让你的大脑变得更聪明。

一、研学目标

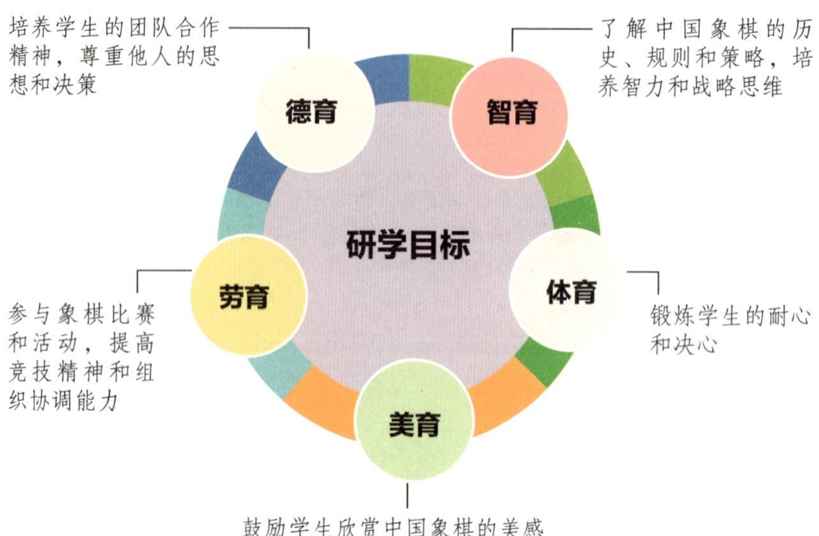

二、研学探究

（一）研学

情景感知：象棋世界的奇妙之旅

嗨，小朋友们！让我们一起开始非物质文化遗产世界的奇妙之旅吧！那里有许多有趣的故事和传统！我们会学到很多关于中国象棋的知识，它们反映了祖祖辈辈的智慧呢！

1.历史小侦查

在这个环节需要小朋友们了解象棋的历史背景。

中国象棋文化

中国象棋属于两人对抗性游戏的一种，它模拟古代战争，使用方形格状棋盘及红黑两色圆形棋子进行对抗。双方先后行棋，先把对方将（帅）将死的一方获胜，这是一种趣味性很强的游戏。在古代，它被列为文人的修身之艺。在现代，它是一种益智的活动。

雏形

隋唐时期，象棋活动稳步开展；唐代中期，象棋进一步向现代象棋靠拢

发展

明代象棋有了很大发展，并涌现出了不少象棋名手和论述象棋的专著。清代是中国象棋发展的全盛时期，名家辈出，名谱众多

萌芽

据可靠的记载，春秋时期即有人以弈喻事

定型

中国象棋基本定型，增加了炮、士、象

高潮

中国象棋流传到十几个国家和地区。已有亚洲和世界组织，在日本、菲律宾还成立了中国象棋协会，古老的东方游戏走向世界

2.独特小发现

让我们用敏锐的观察力来发现中国象棋的棋子和棋盘都有什么特点。

象棋棋盘

中国象棋使用的是方形格状棋盘，由9条平行的竖线和10条平行的横线相交组成，共有90个交叉点，棋子就摆在交叉点上。中间部分，也就是棋盘的第五、第六两横线之间未画竖线的空白地带被称为“河界”。两端的中间，也就是两端第四条到第六条竖线之间的正方形部位，以斜交叉线构成“米”字方格的地方，叫作“九宫”。整个棋盘以“楚河汉界”分为相等的两部分。

内涵理解：发现象棋的精彩

在遨游过象棋历史的知识海洋后，我们将要跳进中国象棋的奇妙世界，看看它背后的故事、珍贵的价值和有趣的寓意。让我们一起展开想象力的翅膀，感受非物质文化遗产的无限精彩吧！

1.文化守护者

想想中国象棋为什么重要，我们为什么要保护它？

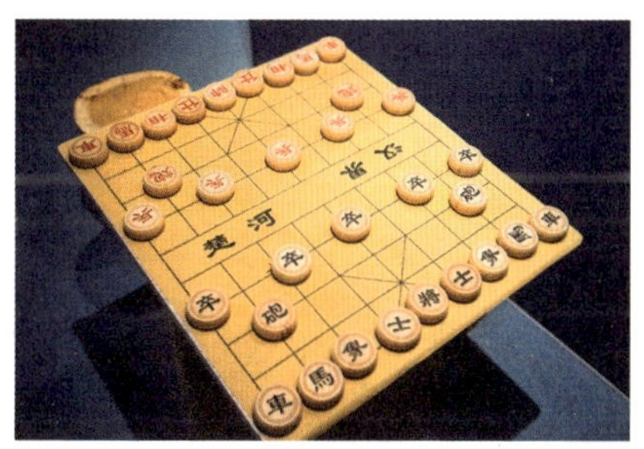

中国象棋

象棋是中华传统文化中的瑰宝，体现了我们民族对智慧的追求。

象棋将科学、艺术和竞技三者融为一体，有发展智力、培养意志品质和机动灵活的战略战术思想意识的特点，因此几千年来长盛不衰，并且逐渐发展成了一种国际性的文化竞技活动。

学生体验

我们要珍惜并传承这一非物质文化遗产，因为它让我们更了解我们的文化。当我们学习和探索中国象棋文化的时候，不仅能提升我们的智力，还会增加我们的自信心和民族自豪感。让我们携手努力，让更多的人爱上这门传统艺术，并让它在未来的世界里永存！

2.心灵小窗户

你对学习中国象棋文化有什么感受和想法呢？

陈同学说："象棋是一种两人对抗的棋类游戏，在中国有着悠久的历史，规则简单，但因下棋人的思维不同，棋盘局势也变化多端。通过学习象棋，我明白了做每一件事都不能只看眼前，需要长远考虑。"

学生体验

曾同学说："象棋是一种智慧与智慧的较量、谋略与谋略的厮杀，它是中华民族传统文化的结晶，我可以像大将军一样指挥军队进攻，也可以像诸葛亮一样对棋子进行布局。在一次次的对局中可以不断地锻炼我对棋内世界的思考方式。"

学生体验

特征探究：象棋秘密的小侦探

让我们一起探究中国象棋的特点，揭开它的神秘面纱。在这个过程中你将成为一名小小棋手，学习不同棋子的下棋方法。

学生讲解象棋入门

象棋下棋方法

1.帅/将	红方为“帅”，黑方为“将”。只能在“九宫”之内活动，可上可下，可左可右，每次走动只能按竖线或横线走动一格。帅与将不能在同一直线上直接面对面，否则走方判负
2.仕/士	红方为“仕”，黑方为“士”。它也只能在九宫内走动。它的行棋路径只能是九宫内的斜线，士一次只能走一个斜格
3.象/相	红方为“相”，黑方为“象”。它的走法是每次循对角线走两格，俗称“象飞田”。相（象）的活动范围限于“河界”以内的本方阵地，不能过河，且如果它走的“田”字中央有一个棋子，就不能走，俗称“塞象眼”

续表

4.车（jū）	车在象棋中威力最大，无论横线、竖线均可行走，只要无子阻拦，步数不受限制，俗称“车行直路”。因此，一车最多可以控制17个点
5.炮	炮在不吃子的时候，走动与车完全相同，但炮在吃子时，必须跳过一个棋子，己方的和敌方的都可以，俗称“炮打隔子”“翻山”
6.马	马走动的方法是一直一斜，即先横着或直着走一格，然后再斜着走一条对角线，俗称“马走日”
7.兵/卒	兵（卒）只能向前走，不能后退，在未过河前，不能横走。过河以后还可左、右移动，但也只能一次一步，即使这样，兵（卒）的威力也极大增强，故有“小卒过河顶大车”之说

（二）创新

制品创作：做个小小设计师

准备好展示你的创造力了吗？我们要用所学的知识去创作我们的文化作品！无论是画画、做手工还是写故事，我们一起来尝试各种形式，成为小小设计师吧！

同学们在班级的象棋主题文化活动中，发挥自己的书法和绘画技能，创作了“中国象棋”手抄报作品，从不同的角度表达了对象棋的理解和认识。

学生“中国象棋”手抄报作品

传播推广：分享象棋之美

现在，让我们向大家展示我们所学的中国象棋文化吧，成为非物质文化遗产小使者，和家人、朋友、同学一起分享这些美好的文化！

1.小小文化大师

在学校的非物质文化遗产作品展示中，同学们为了让大家尽快了解象棋知识，精心制作了关于象棋各种知识的黑板报，并将宣传海报悬挂于教室门上，使前来参加活动的家长和同学有了直观的感受。

班级象棋黑板报展示

2.小小活动策划

在华南师大附小的家长开放日活动中，老师和同学们一起策划了许多象棋主题活动，组织家长进校园共同体验象棋文化并开展象棋对弈活动等。

活动现场

（三）研学反思

自我反思：我们的象棋故事

太棒了，小伙伴们！在这段中国象棋之旅里，你们一定学到了很多。现在，让我们一起来看看同学们是如何回顾这段美好时光的吧！

袁同学说："我在学习象棋文化的过程中，感觉下象棋是一种可以开动脑筋并且令人感到快乐的活动。同时我逐渐提升了棋技，在比赛中慢慢地学会了更多的策略，如重炮、双车、卧槽马等技巧。"

学生分享

三、总结思考

1.研学总结

在这个有趣的研学活动中，我们一起探索了中国象棋的神奇世界。通过一系列活动，我们更深入地了解了中国象棋的历史、特点、中国象棋的落子方法以及文化价值。

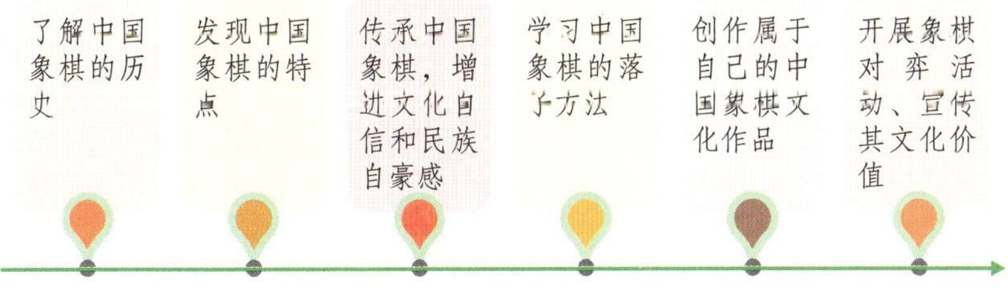

经过了这一次的学习之旅，相信我们每一个人都已经准备好肩负起守护非物质文化遗产的重要责任了！让我们将这些独特的文化和艺术一直流传下去，让中国的经典文化得到传承，也让全世界都能感受到中华传统文化的魅力。

2.阅读思考

请同学们在棋盘上复现这一残局，并进行相互对抗看看胜负几何吧。

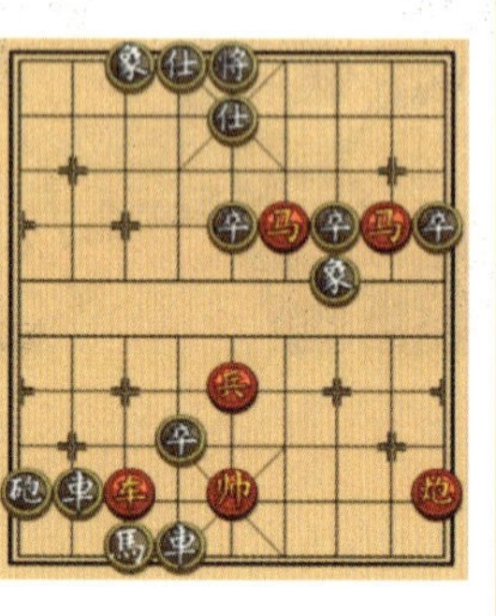

第三节 中国围棋

在这次活动中，你将有机会了解围棋文化、学习并体验围棋。这次活动能够激发你对中华传统文化的兴趣，培养你的创造力。

一、研学目标

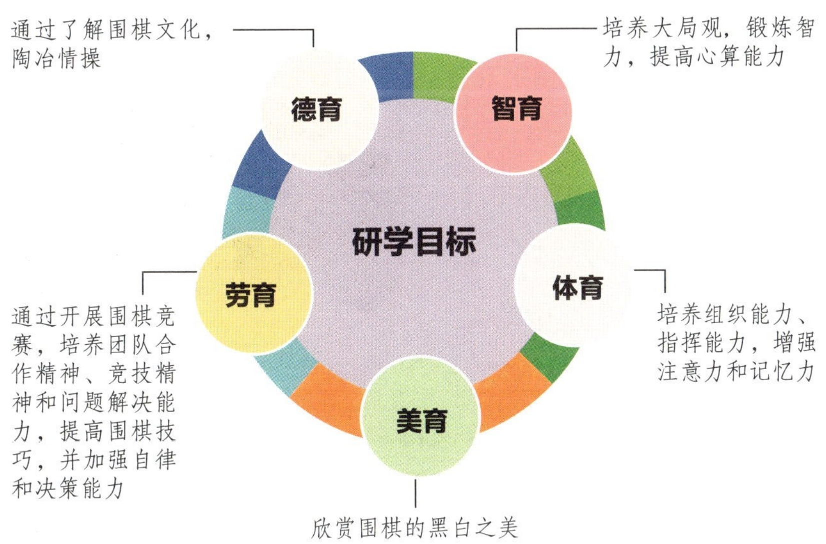

二、研学探究

（一）研学

情景感知：围棋世界的奇妙之旅

嗨，小朋友们！让我们一起开始非物质文化遗产世界的奇妙之旅吧！那里有许多有趣的故事和传统！我们将会学到很多关于中国围棋的知识，它们反映了祖祖辈辈的智慧呢！

1.历史小侦查

在这个环节需要小朋友们了解围棋文化的历史背景。

中国围棋文化

围棋起源于中国古代，中国古时称其为“弈”。传说围棋是帝尧所作，春秋战国时期就有记载，到了隋唐时期经过朝鲜传入日本，接着流传到欧美各个国家。围棋蕴含着中华文化的丰富内涵，是中国文化与文明的体现。

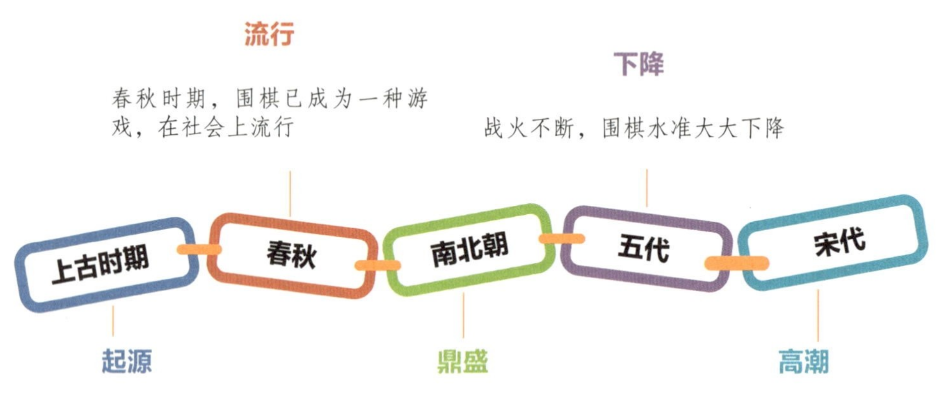

2.独特小发现

让我们用敏锐的观察力来发现中国围棋的棋子和棋盘都有什么特点。

中国围棋使用的是方形格状棋盘，棋盘上有纵横两个方向的各19条直线，将棋盘分成了361个交叉点。围棋用黑、白两种颜色的棋子进行对弈，我们中国古代的围棋是由白子一方先下，而现代的围棋由日本发展而来，变成了黑子先下。棋子走在棋盘的交叉点上，双方交替下棋，落子后不能移动，最终以围子多者为胜。

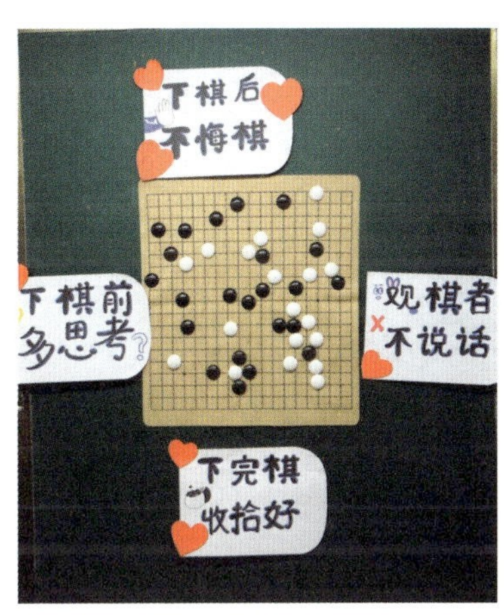

围棋棋盘

内涵理解：发现围棋的精彩

在遨游过围棋历史的知识海洋后，我们将要跳进中国围棋的奇妙世界，看看它背后的故事、珍贵的价值和有趣的寓意。让我们一起展开想象力的翅膀，感受中国围棋的无限精彩吧！

（1）文化守护者

想想中国围棋为什么重要，为什么值得我们保护？

围棋规则

围棋是我们传统文化中的瑰宝，体现了中国人民对智慧的追求。古人常以“琴棋书画”来评价一个人的才华和修养，其中的“棋”指的就是围棋。被人们形象比喻为“黑白世界”的围棋，是我国古人喜爱的娱乐竞技活动，同时也是人类历史上最古老的棋戏之一。

由于围棋将科学、艺术和竞技三者融为一体，有发展智力、培养意志品质和机动灵活的战略战术思想意识的特点，因此，几千年来长盛不衰，并且逐渐发展成了一种国际性的文化竞技活动。

中国围棋这一非物质文化遗产，带给了我们深深的文化自信和民族自豪感，中国围棋值得我们世代相传，它能让我们更了解中国的文化，希望这一传统艺术可以在现代社会中继续传承下去。

2.心灵小窗户

你对学习中国围棋文化有什么感受和想法呢？

彭同学说：“围棋是一种策略性的棋类游戏，有一对一、二对二、一对多、多对多等形式。我和朋友们一起学习围棋、一起下棋、一起分享想法。这个游戏不仅是一种竞技，还是一种团队合作，我学到了在竞争中保持友情的重要性。”

学生体验

李同学说：“围棋强调了平衡和调和的概念。在围棋中，黑白两方协调控制地盘，而不是采取过于侵略或保守的策略。围棋蕴含着古人的智慧和深刻的哲学思想。当我学习中国围棋文化时，我不仅仅是在学习一种棋类游戏，还在追溯古代智者的思考方式。”

特征探究：围棋秘密的小侦探

让我们一起探究中国围棋棋盘的特点，揭开它的神秘面纱。在这个过程中你将成为一名小小设计师，用黑白两色的棋子设计一幅属于你自己的围棋图。

在设计围棋图时，需要19×19的围棋棋盘以及黑色和白色的围棋棋子。你要充分发挥自己的想象力，感受黑白世界的美，设计精美的围棋图。

设计围棋图

围棋图设计步骤

1.设计图案	在脑海中构思你想要在围棋棋盘上摆出的图案。这可以是一个具体的对象、抽象的图案、字母、数字，或者任何你喜欢的东西
2.开始布局	使用黑色和白色的围棋棋子，在围棋棋盘上摆出图案，每个围棋棋子代表图案的一个元素或像素
3.审查和更正	仔细审查你的图案，确保摆放正确。如果需要，进行更正或微调
4.分享和讨论	与同学、老师或家人分享你的围棋图，讨论你的创意和选择，以及他们对你的图案的印象

学生体验

（二）创新

制品创作：做个小小设计师

准备好展示你的创造力了吗？我们可以用所学的知识去创作我们的文化作品！无论是画画、做手工还是写故事，我们一起来尝试各种形式，成为小小设计师吧！

杨同学发挥自己的书法技能，写下“中国围棋”的四字书法作品，书法的白底黑字与中国围棋的白子黑子交相呼应，体现出中华文化里“黑白”的魅力。

学生的“中国围棋”书法作品

在班级的围棋主题文化活动中，苏同学创作了“学围棋，多思考”的绘画作品。画中两个小女孩在围棋对弈，棋盘上走了一子，但是其中一位女孩脑海中已经提前想到了三子后的情况。这幅画充分体现了围棋是一种需要思考和策略的游戏，随着游戏的进行，棋局将会越来越复杂，同时鼓励大家在学习围棋的过程中多动脑筋，增强自己的思维能力。

学生绘画作品

传播推广：分享围棋之美

现在，让我们向大家展示我们所学的中国围棋文化吧，成为非物质文化遗产小使者，和家人、朋友、同学一起分享这些美好的文化！

1.小小文化大师

在学校的非物质文化遗产作品展示中，五年2班的同学们为了让大家尽快了解围棋知识，收集并书写了简明扼要的围棋口诀，悬挂于教室墙上，使前来参加活动的家长和同学有了直观的感受。

围棋展板

2.小小活动策划

在华南师大附小的家长开放日活动中，老师和同学们一起策划了许多围棋主题活动，包括在班级中设置“观看区”给大家播放围棋技巧动画，设置“游戏区”开展摆棋局和背棋诀比赛，以及设置“体验区”供同学们学习下棋。并通过悬挂同学们收集的围棋口诀，向更多的人宣传和介绍中国围棋技艺，尽最大的努力将这一传统文化发扬光大。

围棋活动展现场

（三）研学反思

自我反思：我们的围棋故事

太棒了，小伙伴们！在这段中国围棋之旅里，你们一定学到了很多。现在，让我们一起来看看同学们是如何回顾这段美好时光的吧！

张同学告诉我们：“围棋不仅是一项竞技游戏，更是一门包含哲学思想的艺术。它教会了我如何思考、计划和预测，就像古代智者在他们的围棋对局中所做的一样。起初在学习围棋规则的时候，复杂的规则让我头晕眼花，但在与同学的几场对弈之后，我被围棋的策略性和思考深度所吸引。”

三、总结思考

1.研学总结

在这个有趣的研学活动中，我们一起探索了中国围棋的神奇世界，更深入地了解了中国围棋的历史、特点以及文化价值。

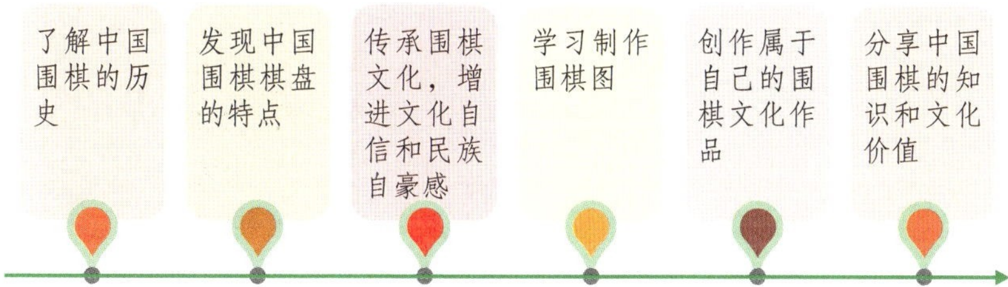

经历了整个研学过程，相信我们每个人都可以承担起传承非物质文化遗产的责任。围棋文化传承不仅有助于保留中国古代文化的精髓，还有助于促进文化的交流和全球传播。这个古老的智力游戏代表着我们中国文化的深度和智慧，它在当今世界中仍然熠熠生辉。围棋文化学习能够帮助我们连接过去、现在和未来，将这一宝贵的文化遗产传递给下一代。

2.阅读思考

如果一个标准的19×19围棋棋盘上每个交叉点都可以放置一个棋子，那么一共有多少种可能的摆放方式？

在围棋中，与棋子直线相邻的空的交叉点，就是棋子的气（如图中黑棋有四口气）。假如一个棋盘上只有一颗棋子，那么这颗棋子气的数量会有几种情况？

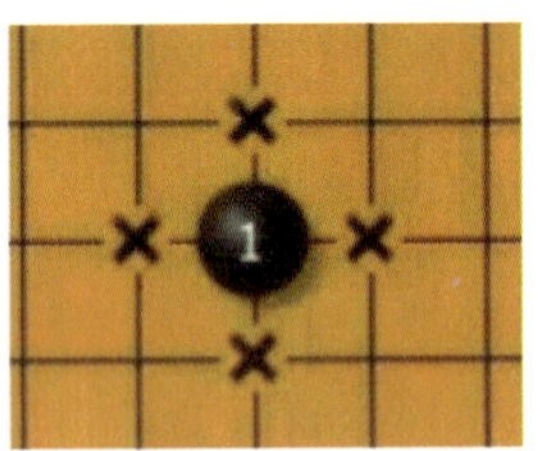

第四节　民间口技

在这次活动中，你将有机会了解民间口技文化、进行口技表演。这次活动能够激发你对中华传统文化的兴趣，培养你的语言能力、表演能力等。

一、研学目标

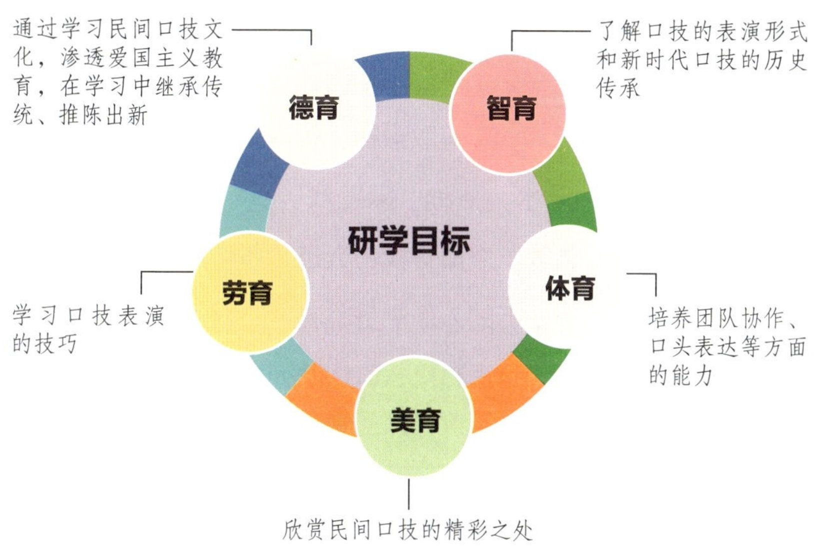

二、研学探究

（一）研学

情景感知：探秘民间口技世界

嗨，小朋友们！让我们一起开始民间口技世界的奇妙之旅吧！那里有许多有趣的故事和传统！我们将会学到很多关于民间口技的知识，它们反映了祖祖辈辈的智慧呢！

1.历史小侦查

在这个环节需要小朋友们了解民间口技的历史背景。

口技是优秀的民间表演技艺，是杂技的一种。上古时期，人们狩猎时模仿动物的声音来骗取猎物，获得食物。宋代口技已成为相当成熟的表演艺术，俗称“隔壁戏”。口技表演者用口、齿、唇、舌、喉、鼻等发声器官模仿大自然各种声音，如飞禽走兽、风雨雷电等，能使听的人仿佛身临其境。这种技艺在清代属“百戏”之一。2011年5月23日，口技被列入第三批国家级非物质文化遗产名录。

民间口技样例

民间口技展板

兴盛

口技已成为相当成熟的表演艺术

创新

表演形式进行改革，成为声情并茂的口技表演艺术，赋予口技新的生命

起源

狩猎时模仿动物的声音来骗取猎物，获得食物

发展

从单纯模拟某一种声音，发展到能同时发出各种声音，被列为“百戏”之一

延续

结合现代科技，坚持继承传统与严谨创作出新并举

2.独特小发现

让我们用敏锐的观察力来发现口技的表演形式是什么吧！

宋朝兴起口技，以八尺屏障为隐身，一桌、一椅、一扇、一抚尺而已，口技人坐屏障中，以说、学、逗、唱和模仿动物声音为主，表演形式只听其声、不见其人。

民间口技传人表演

宋徽宗年间杭州有民间口技艺人“刘百禽”，他能学很多鸟叫和禽兽叫，学得以假乱真，因此得名。

内涵理解：发现口技的精彩

在遨游过民间口技历史的知识海洋后，我们将要跳进口技的奇妙世界，看看它背后的故事、珍贵的价值和有趣的寓意。让我们一起展开想象力的翅膀，感受非物质文化遗产的无限精彩吧！

1.文化守护者

想想民间口技文化为什么重要，为什么值得我们保护？

民间口技不仅仅是一种技艺，还蕴藏着中国丰富的历史文化。口技是中国非物质文化遗产的一部分，代表了我们民族的智慧和创造力。我国民间口技的代表人物有百鸟张（张昆山）、尹士林、孙泰（周志良）、方浩然和牛玉亮等人，他们为民间口技发展做出了巨大的贡献。

民间口技代表人物牛玉亮

民间口技代表人物孙泰

民间口技这种非物质文化遗产，带给了我们深深的文化自信和民族自豪感，民间口技值得我们世代相传，它能让我们更了解中国的文化，希望这一传统艺术可以在现代社会中继续传承下去。

2.心灵小窗户

你对学习民间口技有什么感受和想法呢？

学习体验

李同学说：“通过此次研学，我了解了民间口技等许多传统技艺和民俗文化背后的故事，感受到传承它们的重要性和紧迫感。这些中华传统文化不仅有助于小朋友们更好地了解我们的文化根源，也能够激发我们的创造力和创新精神。这些非物质文化遗产值得我们珍惜和传承。”

民间口技展示活动

祁同学说："民间口技表演者是在幕后表演，道具为'一桌、一椅、一扇、一抚尺'，仅靠嘴巴发声，精彩逼真。我和同学们共同演绎了《动物王国开大会》的故事，身临其境地体验了传统技艺的乐趣。"

特征探究：口技秘密的小侦探

让我们一起来参与民间口技相关知识竞答，揭开它的神秘面纱。

在班级的口技主题文化活动中，徐同学积极参与了民间口技相关知识竞答环节。她展现了对民间口技的浓厚兴趣和广泛的知识储备，为活动增添了活力和知识深度。她不仅在竞答中积极回答问题，还分享了有趣的民间口技故事和历史背景，为同学们带来了丰富的文化体验。

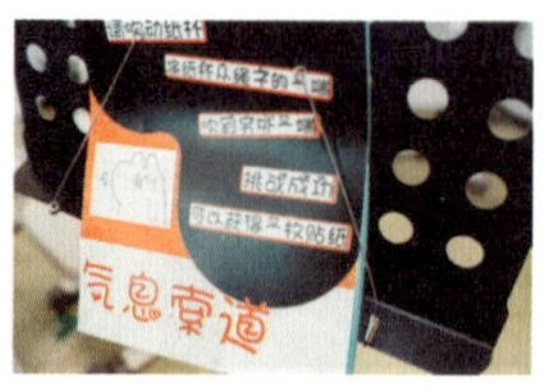

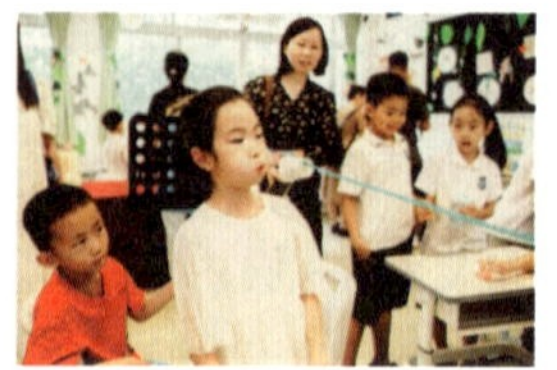

民间口技体验小游戏

（二）创新

制品创作：做个小小艺术家

准备好展示你的创造力了吗？我们可以用所学的知识去进行节目表演！让我们一起来尝试各种形式，成为小小艺术家吧！

高同学为了完成《动物王国开大会》这一口技表演，表现出对表演艺术的执着追求和创造力，用精湛的口技技巧和生动的演绎能力，成功地为观众呈现了一个令人难以忘怀的故事。他深入研究了动物王国的背景和角色，和其他小伙伴一起给每个动物角色赋予了生命，使观众仿佛置身于一个充满活力和幽默的世界。

民间口技体验活动现场

传播推广：分享口技之美

现在，让我们向大家展示我们所学的民间口技文化吧，成为非物质文化遗产小使者，和家人、朋友、同学一起分享这些美好的文化！

1.小小文化大师

学生展演

在学校的民间口技表演展中，戴同学的表演为整个口技活动增色不少，为观众带来了一场充满智慧和趣味的文艺盛宴。他的独特创意和出色表演不仅为自己赢得了掌声，也激发了观众对传统艺术的热情，展现了口技表演作为一门传统艺术的魅力。

2.小小活动策划

在华南师大附小的家长开放日活动中，老师和同学们一起向更多的人宣传和介绍中国民间口技文化，尽最大的努力将这一传统文化发扬光大。

活动现场

（三）研学反思

自我反思：我们的口技故事

太棒了，小伙伴们！在这段民间口技文化之旅里，你们一定学到了很多。现在，让我们一起来看看同学们是如何回顾这段美好时光的吧！

学生分享

何同学说："在教室里，大屏幕上滚动播放着民间艺人展示口技绝活，有的模仿动物的叫声，有的模仿各种乐器演奏的声音，还有的把交通工具发出的声响模仿得惟妙惟肖。一时间我感觉一会儿在动物园，一会儿到了音乐厅，还没听够演奏又被拉到了大街上，这可太神奇啦！在这过程中，我更深刻地感受到了传统艺术的魅力。"

二、总结思考

1.研学总结

在这个有趣的研学活动中，我们一起探索了民间口技的神奇世界，更深入地了解了民间口技的历史、表演形式以及文化价值。

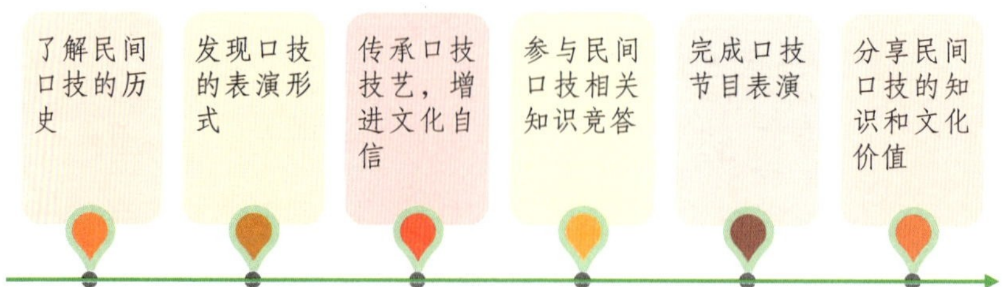

经历了民间口技的研学过程，相信我们每个人都可以承担起传承非物质文化遗产的责任，将口技技艺传承下去，使非物质文化遗产得以延续，让中华民族的经典文化继续辉煌，同时也让全世界感受到中华传统文化的卓越之处。

2.阅读思考

民间口技的表演形式是哪些？
口技演员如何利用声音和共鸣来模仿不同动物或物体的声音？

第五章
传统医药

中药文化

在这次活动中，你将有机会了解传统中药文化、亲自动手制作中药文化创意作品。这次活动能够激发你对中华传统文化的兴趣，培养你的创造力。

一、研学目标

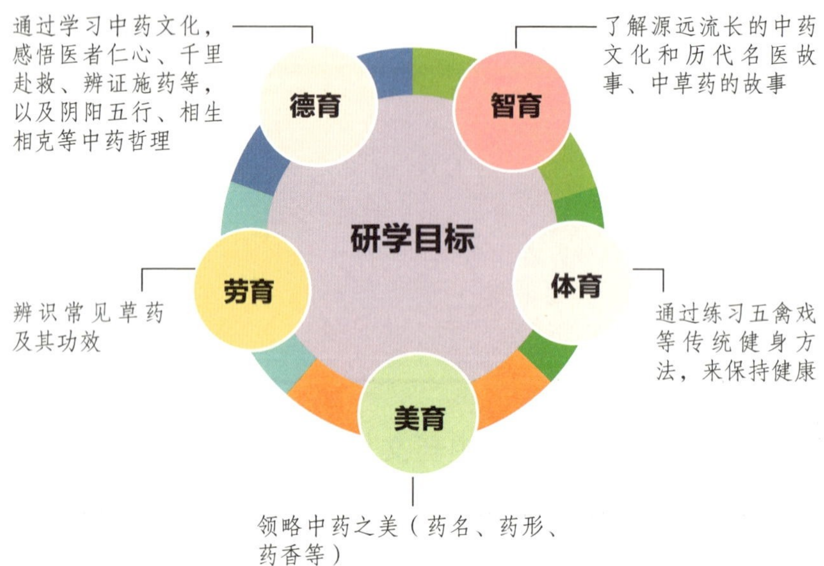

二、研学探究

（一）研学

情景感知：中药世界的奇妙之旅

嗨，小朋友们！让我们一起开始中药世界的奇妙之旅吧！那里有许多有趣的故事和传统！我们将会学到很多关于中药的知识，它们反映了祖祖辈辈的智慧呢！

1.历史小侦查

2.独特小发现

让我们用敏锐的观察力来发现中药的特点吧。

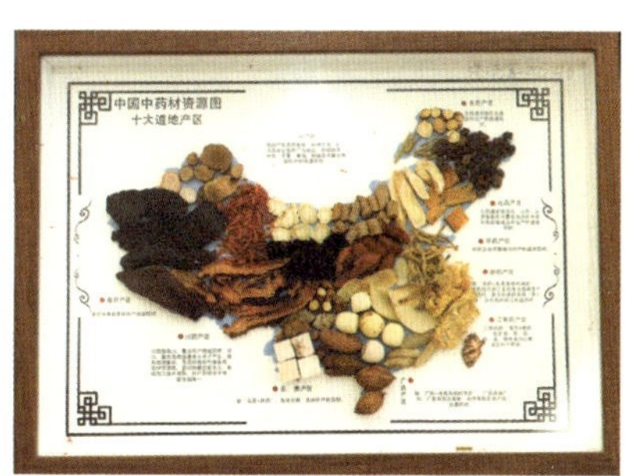

中药材资源图

中药药源广。我国地域广阔，中草药资源丰富，易种易收，成本低。常见的党参、红枣、枸杞既是食材，也是药材。

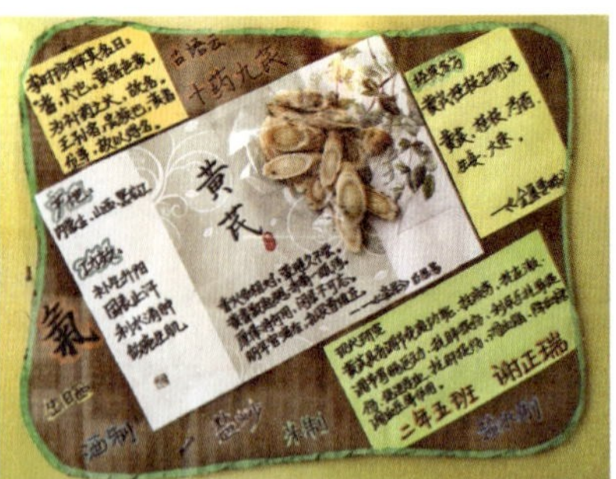

学生作品

传统的中医文化讲究天人合一、重视整体，认为人与社会是一个不可分割的整体，人的内部也是一个有机的整体。

内涵理解：发现中药文化的精彩

在遨游过中药历史的知识海洋后，我们将要跳进中药的奇妙世界，看看它背后的故事、珍贵的价值和有趣的寓意。让我们一起展开想象力的翅膀，感受非物质文化遗产的无限精彩吧！

1.文化守护者

想想中药为什么重要，为什么值得我们保护？

中药在预防和治疗疾病方面有着独特的优势，中药源于自然，有一定效用，对维护人类健康起到了重要作用。同时，中药文化是我们中国特有的文化，是我们祖先的智慧结晶。

学生体验

中药文化是中华传统医学的重要组成部分，中华传统医学蕴含着丰富的哲学思想、人文精神和科学内涵，强调天人合一、阴阳平衡、五行相生的理念，体现了人与自然和谐共生的思想。同时，还蕴含着丰富的道德伦理和人文精神，如医者仁心、尊重生命等。

中药文化这一非物质文化遗产，带给了我们深深的文化自信和民族自豪感，中药文化值得我们世代相传，它能让我们更了解中国的文化。希望这种传统文化可以在现代社会中继续传承下去。

2.心灵小窗户

你对学习中国中药文化有什么感受和想法呢？

中药文化源于中国，源远流长。自远古时代起，中药文化就与中华文化的起源和发展相伴而行，形成了独特的理论体系和治疗方法。同时，中药文化在历史上对世界医药学的发展也做出了重要贡献。

郑同学说：“中药起源很早，可以追溯到原始社会，有数千年的悠久历史。人类在长期的生产和生活实践中不断地同自然灾害、猛兽、疾病做斗争，逐步认识了疾病，并掌握的防治疾病的方法。”

梁同学说：“通过对中药文化深入探索，我认识到中药文化是中华文明的重要组成部分，有着源远流长、博大精深的光荣传统。中药使用得当，可达到预期的疗效，反之，不但会减弱药效，还会造成不良后果。所以，中药不可乱吃乱用，要在医生嘱

学生绘制的传统药材
——银杏叶

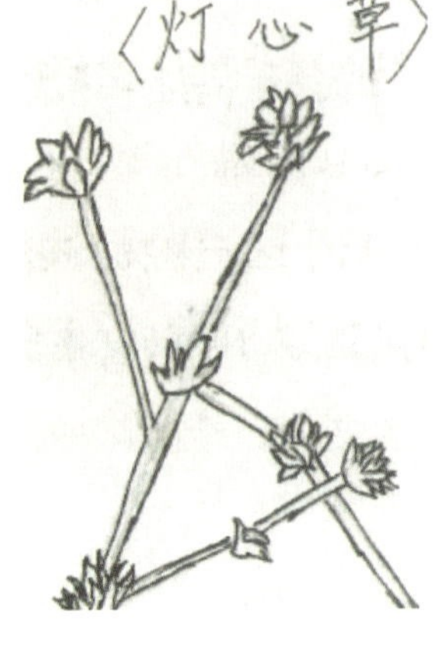

学生绘制的传统药材
——灯心草

学生绘制的传统药材
——陈皮

学生拍摄的传统药材
——罗汉果

托下使用。用枸杞、罗汉果、陈皮、夏桑菊等药材泡茶，既好喝，也无副作用，还能达到相应功效。”

特征探究：中药秘密的小侦探

让我们一起探究药材的制作特点，揭开它的神秘面纱。在这个过程中你也将成为一名小小手艺人，亲手制作一份药材。

在制作药材时，需要用到一些工具，如切药刀、片刀、碾槽等。不同的药材需要使用不同的工具加工处理，有的药材只需要制成片状，而有的药材要制成粉末状，种子类药材要先去壳。

药材制作的一般步骤

1.洗涤	选取规定的药用部位，去除非药用部位和混杂在药材中的泥土、砂石等异物，清洁药物
2.筛选	将大小不等的药材筛选、分开，以便分别进行加工
3.剪切	把药物切成片、段、丝、块等各种形状，以便于药物有效成分发挥和药物调剂使用
4.熏、煮、烫	含浆汁、淀粉或糖分多的药材，用一般方法不易干燥，须先经熏、煮或烫的处理，则易干燥
5.粉碎	改变药物外形，使其符合调制、制剂和其他加工方法的要求
6.碾串	利用石碾或其他串压工具，将药材铺高成垄，串压去外表附着的毛须、钩刺、果皮等非药用部分

（二）创新

制品创作：做个小小设计师

准备好展示你的创造力了吗？我们可以用所学的知识去创作文化作品！无论是画画、做手工还是写故事，我们一起来尝试各种形式，成为小小设计师吧！

盘子画是一种以盘子为画布，用各种颜料和工具创作作品的绘画形式。它结合了绘画和手工制作的特点，可以创造出各种风格和主题的作品。盘子画的艺术价值很高，还可以作为装饰品，为家居装饰增添色彩和风格。

梁同学为了制作中药主题盘子画作品，使用了纸盘、铅笔、水彩笔、彩泥等工具。首先，他查找了药材玉竹的资料与图片，根据玉竹的形态在纸盘子上设计构思整体布局；然后，先用铅笔绘制线条，再用不同颜色的水彩笔描线和加深线条颜色；最后，他还在作品的细节部分使用彩泥粘贴，衬托得手工作品更加立体生动。

他的制作步骤一共四步：

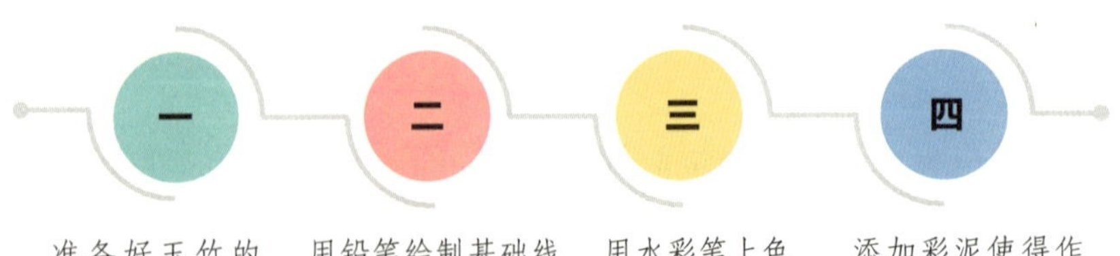

梁同学制作的第二个作品是药材凤凰衣的盘子画，他用一只翩翩起舞的凤凰形象生动地代表了这种药材，还使用了纸屑作为凤凰的羽毛。

学生中药主题创作作品

传播推广：分享中药文化之美

现在，让我们向大家展示我们所学的中药文化吧，成为非物质文化遗产小使者，和家人、朋友、同学一起分享这些美好的文化！

1.小小文化大师

在学校的非物质文化遗产作品展示中，梁同学和同学们分享了“与艺术交融的中药文化”，用生动有趣的盘子画展示了底蕴深厚的中药文化，拉近了我们与中药文化的距离。

2.小小活动策划

在华南师大附小的家长开放日活动中，老师和同学们一起制作了许多精美的中药文化创意作品，并通过巨幅展板向更多的人宣传和介绍中国传统的中药文化，尽最大的努力将这一传统文化发扬光大。

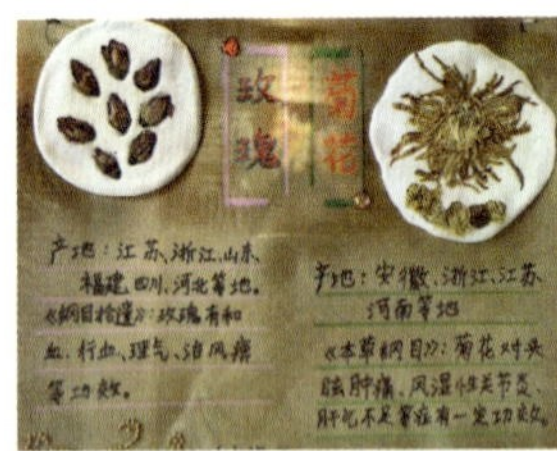

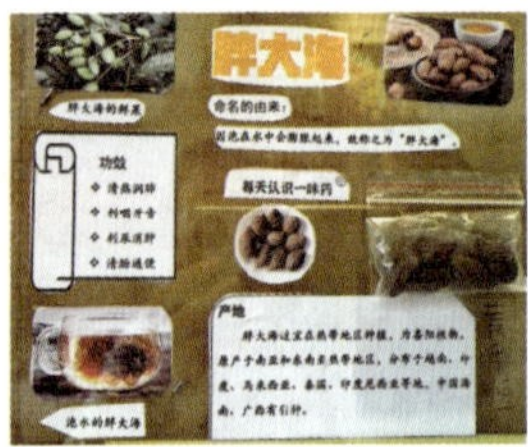

学生中药文化创意作品

（三）研学反思

自我反思：我们的中药故事

太棒了，小伙伴们！在这段中药文化之旅里，你们一定学到了很多。现在，让我们一起来看看同学们是如何回顾这段美好时光的吧！

梁同学说：“通过这次非物质文化遗产学习，我认识到了中药文化的博大精深与独具特色的魅力。我从怀疑、排斥中药，到渐渐喜爱并想主动了解中药，也会去留意和发现身边的中药。春生、夏长、秋收、冬藏，世间万物皆有其时，也成就了本草神奇的生命。走进中药世界，让我感受到了非物质遗传文化的神奇魅力。”

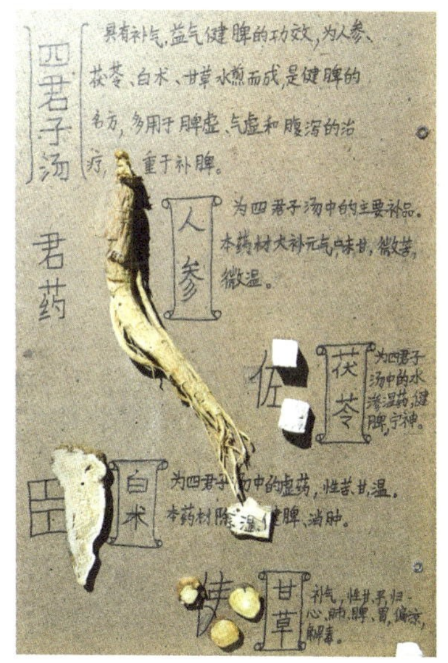

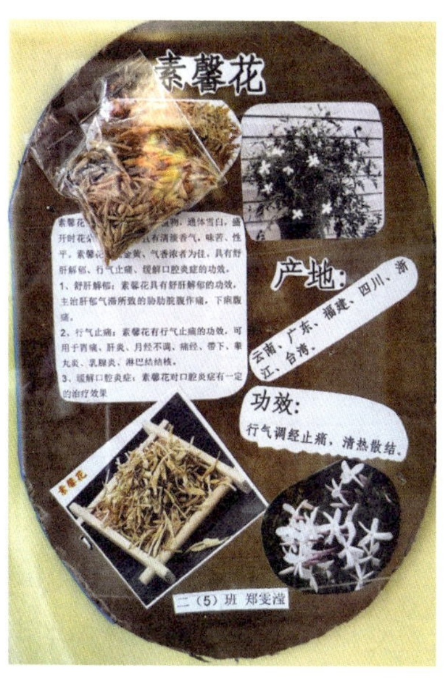

学生中药文化创意作品

郑同学说：“中药文化是中华民族的瑰宝，有着独特的价值和意义。作为非物质文化遗产，中药文化不仅传承了古老的医术和药理，还融合了文学、艺术、哲学等多个领域的内容。保护中药文化有助于维护传统医学的传承和发展，弘扬中华文化的精髓，同时也为人类健康和疾病防治提供宝贵的经验和智慧。”

三、总结思考

1.研学总结

在这个有趣的研学活动中，我们一起探索了中药的神奇世界，更深入地了解了中药的历史、特点、制作过程以及文化价值。

经历了整个研学过程，相信我们每个人都可以承担起传承非物质文化遗产的责任，让中华民族的经典文化延续下去，也让全世界感受到中华传统文化的魅力。

2.阅读思考

请你阅读李时珍与《本草纲目》的故事，说一说李时珍写《本草纲目》这本书的目的是什么。

后　记

“美与想象承载的历史与艺术的魅力，是非遗课程给孩子们最美的馈赠。”这是家长对于华南师大附小开展非遗课程的感受，同时也是华南师大附小一直推进传统文化教育的美好愿望之一。

“古今交织非遗韵，世代相传永不息。”华南师大附小开展中华传统文化系列活动的价值和意义，就是让孩子们认识祖先留给我们的宝贵文化遗产，记住我们文化的根，成为中华文明的薪火传承人，成为中华文明进步的拓新者！

文化是中华民族的坚实根基，承载着丰富的人文内涵和价值观。通过科技加持和创新驱动，我们可以更好地理解、传承和保护我们的文化遗产。C-STEAM教育为理解和传承中华优秀传统文化提供了新的方法和工具。C-STEAM教育倡导培养有文化涵养的创新人才，以中华优秀文化（Culture）传承为导向，融合科学（Science）、技术（Technology）、工程（Engineering）、艺术（Arts）和数学（Mathematics）等领域的知识和思维方法。通过C-STEAM的学习体验，孩子们可以在中华文化情境下更好地理解世界，在传承本土文化的基础上创造创新，追逐梦想。

根据教育部印发的《中华优秀传统文化进中小学课程教材指南》文件精神，结合华南师大附小“美好”教育办学理念的指引，附小师生将见人、见物、见生活的非遗传承理念融入班级文化建设中，结合自己班级的实际情况，共同努力，精心装点，经岁月洗礼，沉淀出“一班一非遗，一班一特色”的班级环创生态，引导学生以文立心，以文铸魂。附小的每间教室都是一个非遗项目的小展厅，涵盖了传统美术、传统戏剧、曲艺、传统技艺、传统音乐、民间文学、传统医药、传统体育、游艺杂技与民间知识民俗等46种非遗代表性项目。

这样独特的班级非遗环创设计，让每个教室形成“探究+展示+研学+体验+传播”的氛围，形成集学习性、观赏性、互动性于一体的班级文化，创造了一批又一批多姿多彩的学生非遗研学作品；其成果“构建‘三位一体’非遗进校园的中华优秀传统文化赋能育人新生态研究与实践”获得了2021年度广东省教育教学成果（基础教育）二等奖。把中华传统文化与学校美育有机结合，把传统文化与现代教育融为一体，在真正意义上实现了教室馆——展馆即教室。非遗与校园，馆校合一，教育无痕，润物无声，让孩子们在非遗的文化环境中潜移默化地受到艺术和美的熏陶。

华南师大附小的“一班一非遗”活动是对非物质文化遗产的活态传承，让非遗的种子深深地种在孩子们心中。让孩子们从小担当起传承非遗之责任，汲取中国智慧，树立文化自信，弘扬中国精神，传播中国价值。

本书汇编了C-STEAM理念指导下华南师大附小开展的非物质文化遗产研学实践，充分融合学校“美好”文化和非物质文化遗产研学，在实践中不断创新，逐渐形成了体系化、多元化的校本研学课程体系。我们希望对华南师大附小研学经验进行总结和推广，为其他学校和地区开展C-STEAM非物质文化遗产研学教育提供思路指引和经验借鉴。

此外，我们鼓励读者在本书的引导下，亲身探索非物质文化遗产C-STEAM的精彩世界。无论是学生、家长还是教育工作者，都可以积极参与其中，了解我们的传统文化，培养跨学科的思维，让C-STEAM理念下非物质文化遗产研学开启一扇通往未来的大门，让我们的孩子在理解和传承宝贵的文化遗产的同时，也能够更好地创新和转化，在不断变化的世界中凭借文化信念以不变应万变，迎接未来的挑战。

图书在版编目（CIP）数据

探寻中国非物质文化遗产之美 . 下 / 江伟英 , 詹泽慧主编 . -- 北京 : 北京时代华文书局 , 2024.9

ISBN 978-7-5699-5478-4

Ⅰ . ①探… Ⅱ . ①江… ②詹… Ⅲ . ①非物质文化遗产－研究－中国 Ⅳ . ① G122

中国国家版本馆 CIP 数据核字 (2024) 第 078188 号

TANXUN ZHONGGUO FEIWUZHI WENHUA YICHAN ZHI MEI XIA

出 版 人：陈　涛
策划编辑：周　磊
责任编辑：张正萌
装帧设计：程　慧　王艾迪
责任印制：刘　银

出版发行：北京时代华文书局 http://www.bjsdsj.com.cn
北京市东城区安定门外大街 138 号皇城国际大厦 A 座 8 层
邮编：100011　电话：010-64263661　64261528

印　　刷：天津丰富彩艺印刷有限公司
开　　本：710 mm×1000 mm　1/16　　成品尺寸：160 mm×230 mm
印　　张：12　　字　　数：124 千字
版　　次：2024 年 9 月第 1 版　　印　　次：2024 年 9 月第 1 次印刷
定　　价：79.00 元（全二册）